现代视角下的汉语教学理论研究

白红霞　著

西北工業大學出版社

西　安

【内容简介】　本书分为六章，主要内容包括语言与汉语教学理论审视、汉语语言学理论与流派、汉语教学中的认知语言学理论、汉语教学中的应用语言学理论、现代视角下的汉语教学过程与实施、现代视角下的汉语教学理论创新与应用等。

本书可供汉语以及对外汉语研究与教学人员阅读、参考。

图书在版编目（CIP）数据

现代视角下的汉语教学理论研究 / 白红霞著. — 西安：西北工业大学出版社, 2022.12
ISBN 978-7-5612-8601-2

Ⅰ. ①现…　Ⅱ. ①白…　Ⅲ. ①汉语-语言教学-教学研究　Ⅳ. ①H19

中国版本图书馆 CIP 数据核字(2022)第 233726 号

XIANDAI SHIJIAO XIA DE HANYU JIAOXUE LILUN YANJIU
现代视角下的汉语教学理论研究
白红霞　著

责任编辑：隋秀娟　马婷婷　　装帧设计：郭　丹
责任校对：高茸茸
出版发行：西北工业大学出版社
通信地址：西安市友谊西路 127 号　　邮编：710072
电　　话：(029) 88491757，88493844
网　　址：www.nwpup.com
印 刷 者：北京市兴怀印刷厂
开　　本：710 mm × 1 000 mm　　1/16
印　　张：12.25
字　　数：213 千字
版　　次：2023 年 3 月第 1 版　　2023 年 3 月第 1 次印刷
书　　号：ISBN 978-7-5612-8601-2
定　　价：79.00 元

前　言

语言是文化传承和发展的重要载体，是国家文化软实力的重要基础。当前，汉语的世界性传播有利于加快中国走向世界的步伐，也是中国提高国际影响力的重要途径。中华传统文化教学可以让世界更好地认识中国。由于经济全球化的持续快速发展，世界各个国家高层次、高水平的合作也进入了一个新阶段。随着经济的稳步快速发展，中国与世界各国在各方面的交流也越来越频繁，文化交流也相应增多。因此，弘扬中华优秀传统文化，促进汉语发展，明晰汉语教学理论是汉语教学工作的重中之重。汉语教学（Chinese teaching）应当包括汉语作为母语的教学、汉语作为第二语言的教学（中国少数民族汉语教学）以及汉语作为外国语的教学（对外汉语教学）。这里笔者针对汉语作为母语教学和对外汉语教学进行分析和研究。

本书共设置六章：第一章语言与汉语教学理论审视作为本书论述的基础和前提，主要阐释语言与语言学的认知、对外汉语教学理论的框架；第二章为汉语语言学理论与流派，包括汉语言的语法特点、汉语语言学研究的思路、语言学习流派与教学法；第三章为汉语教学中的认知语言学理论，包括认知语言学理论与方法研究、基于认知语言学的汉语重叠词、认知语言学在汉语教学中的应用；第四章从应用语言学及其研究、第二语言习得的理论、跨文化交际理论与汉语教学三个方面阐述汉语教学中的应用语言学理论；第五章为现代视角下的汉语教学过程与实施，包括现代对外汉语教学的过程、现代对外汉语的语言与文化教学、现代对外汉语不同课堂教学实施；第六章为现代视角下的汉语教学理论创新与应用，对“字本位”理论视角下的对外汉语教学、情境认知理论视角下现代汉语教学创新、新媒体视角下古汉语教学方法的创新应用等内容进行研究。

全书结构科学、论述清晰，力求达到理论与实践相结合，让读者在学习基本方法和理论的同时，注重学习汉语的思维、理念和精神，以达到提高能力、提升素质的目的。

在撰写本书的过程中，参阅了大量相关文献资料，汲取了丰富的智慧，在此对其作者表示衷心的感谢。

笔者意欲丰富现代视角下汉语教学理论的相关内容，然而，由于水平有限，书中疏漏与不足之处在所难免，敬请广大读者指正。

著 者

2022 年 6 月

目　录

第一章　语言与汉语教学理论审视

第一节　语言与语言学的认知

一、语言的认知

（一）语言的本质

语言作为一种沟通的工具，是随着人类思维发展和社会体系进步产生的，因此在研究和分析语言时，我们不应该忽视语言的社会功能和作用。交际和沟通是语言的基础功能，人们可以通过语言沟通与交流来了解其他人的想法，增进彼此之间的了解。语言是交流沟通的工具，但并不是人类交流的唯一方式，在社会生活中人们还可以通过文字、符号、动作以及神态、表情等进行交流。文字的出现是以语言的产生为基本前提的，作为一种记录语言的书写符号，文字对语言的表达作用进行了延展，打破了语言交流的时间和空间限制，促进了人类文明的发展和进步。从社会学的角度来说，语言是人类文明发展和进步的基础要素，人类的进步和发展离不开语言。仅从交际性来说，语言是最便捷、最高效的沟通工具，其实用性超过其他交际工具和交际手段。

语言不仅是人类最重要的交际工具，也是人类思维的工具。“思维是认识现实世界时大脑的运动过程，即指动脑筋时进行比较、分析、综合、判断以及认识现实的能力。”[①]思维的发展和进步离不开语言交流带来的思想碰撞，各种思维活动都是在特定的语言材料的基础上展开的，而且思维活动的表现也大多需要通过语言来实现。由于地域条件和发展基础的差异，不同的民族形成了不同的语言体系和语言文化。思维与语言不同，它是一种具有全人类共性的现象，思维方式和规律在全世界范围内共有。语言和思维虽然是两种现象，但二者关系极为密切，并且在形式和内容上都难以分离。

① 徐正龙. 对外汉语教学理论与语言学应试指南[M]. 南京：东南大学出版社，2005：54.

从语言本身的形式特点和性质来说，语言实际上是声音与语义结合的表达系统。从表意的层面来说，任何语言符号都是语义的载体和外壳，虽然语言符号的具体形式可以多样化，但必须能够被人类的感知器官感知到。语言是一种以声音为载体的表意系统，利用了人类听觉系统对不同声音的感知和区分能力。语言符号的内容与意义是语言表达系统的核心，具体来说是指人们对客观事物或现象（自然事物、人类活动、内心活动）的概括。

语言符号最大的特点是能够将不同的声音与语义进行结合，用来表达不同的内容，语音与语义之间没有逻辑层面的联系，不同语音符号蕴含的语义是在长期的语言使用过程中约定俗成的。音义结合的任意性使得各民族在发展过程中形成了自身独特的语言系统，形成了丰富多彩的语言文化。音义结合的任意性只能在语音符号的创制过程中使用，一旦语音与语义的结合被用来表达特定的事物或者现象，这种音义结合关系就会确定下来，不能再随意更改，否则语言系统将无法准确表意。声音符号的含义是在语言的使用过程中约定俗成的，具有较强的稳定性，二者之间的关系会随着社会环境的变化和历史的发展产生一定的变化。

线条性是语言符号的另一重要特点。在使用语言表意的过程中，要线性使用语言符号，也就是一个词一个词地进行表达。因此在语言表达的整个过程中，不同的语言符号是按照表达逻辑在时间轴上逐个出现的。语言符号不能同时出现在表达的时间轴上，并且必须要尊重语言表达的逻辑，不能胡乱进行组合与搭配，否则将导致语言表意系统的混乱，使语言无法准确传达想要表达的意思。对语言线条性的认识和了解对于人们掌握语言系统具有非常有效的帮助。

语言符号虽然是互相独立的个体，但并不是互不相干的散沙，语言符号在语言表达中经由特定的语言规律、语言习惯系统地组织起来，用来表达特定的含义。从这个层面来说，语言表达是语言符号的分层拼装过程，根据特定的规律和习惯进行组合。

语言的底层是一套音位，不同的音位进行组合形成音节，成为语言符号的表达形式，为语言提供内容载体。语言的上层是音义结合的语言符号以及由这些序号组成的语言序列，这一层次的语言还可以分为不同的层级：第一级是语素，语素是音义结合之后的最小语言单元，是组成其他语言符号序列的基础要素；第二级是在语素的基础上形成的词语，词语是连接语素与复杂语言符号序列的桥梁，是组成句子的基础；第三级是由词语组成的句子，句子能够完整地表达语义内容，是最高阶的语言符号序列组合。

语言符号具有线条性，语言线条上的不同语言符号形成了一个环环相扣的语言符号链条。在语言符号链条上，不同符号之间组合起来的关系称为组合关系。在语言表达的逻辑链条上，不同符号之间的组合顺序和组合方式是有规则的，不能随意进行组合。语言符号之间的组合是研究语言结构的基础。语言符号链条上不同符号组成的表达结构环环相扣，并且每一个环节都能够形成一个独立的语言单位，可以从整个表达链条上拆卸下来。在语言表达过程中，语言的使用者可以通过更换语言单位实现表达内容的改变和转换。从语言结构上来说，这些可以被更换和替代的语言单位在语言符号链条中具有相同的功能，它们会自然地聚集成为类，彼此之间的关系称为聚合关系。语言中每一个符号都处于既能够跟其他符号相互组合，又可以被同类的其他语言符号替代的关系当中。组合关系和聚合关系在研究语言系统的过程中是两种最基本的关系。组合关系和聚合关系作为语言系统的一个纲，是我们系统认识与研究语言现象的基础。在语言研究与学习中，对某种语言的组合关系与聚合关系有了整体的认识与判定，也就意味着明确了该语言的表达结构系统，对研究和学习语言具有很大的帮助。

在正常情况下，每一个社会个体都有学习和掌握语言的能力，因为具有抽象思维能力的大脑和发达的发音器官为其学习语言奠定了坚实的生理基础。大脑的抽象思维能力使得人们能够理解语言表达结构和表达逻辑，发音器官能够帮助人们发出各种不同的声音，二者的结合是掌握语言的基础。人类学习和掌握语言的能力是在漫长的发展过程中逐渐形成的，并随着人类的繁衍成为重要的遗传要素。人类学习和使用语言的能力是先天具备的，但利用这种能力学会使用一种甚至多种语言是需要后天努力的。

（二）语言和社会

语言作为一种社会现象是在特定的社会环境中产生的，从语言与社会二者的关系来看，它们是相互依存的。语言的产生与人类社会的发展密切相关，语言伴随着人类社会的产生而产生，也会伴随着人类文明的消亡而消亡。语言的发展离不开社会的发展与进步，社会的发展与进步也离不开语言的促进。语言不仅是维持人类社会发展与运转的最基本要素之一，也是人类区别于其他生物的本质属性之一。不同的社会环境孕育了不同的语言，并且维系着各项社会活动的正常运行。人类的思维能力是在语言基础上发展起来的，人与人之间关系的维系也需要语言维持，如果没有语言，人类社会发展将会陷入停滞状态，人类文明也将面临崩塌的危险。

（三）语言和言语

说话是每个人最基本的行为之一，而说话这一行为产生的结果就是不同的语句。言语是指说话的行为和结果，其最终的产物是不同的句子，因此言语是具体的语言符号的组合。说话作为一种个人行为，说出的句子不一样，并且具有不同的结构特点和表达逻辑，因此言语是个人的，具有较强的个人特点。每一种语言都有无数种语言符号的组合方式，会形成各种各样的句子。我们对这些句子进行总结分析会发现，虽然句子的数量非常多，但是这些句子中包含的基本语言单位是有限的，将这些语言单位串联组合起来的规则更少，句子是有限的词语在有限规则下的组合。从语言表达的角度来说，每个人都能自由地使用语言表达自己，但这种自由是建立在遵循语言规则，使其他人能够理解自己的基础上的。语言是由词汇按照一定的语法规则构成的语言符号表意系统，在语言表达中人们运用有限的词汇和语法规则，创造出无数的句子。语言作为表达思想和与其他人交流的基础，人类语言行为产生的句子是人们使用语言工具的结果。

二、语言学的主要内容

语言学的研究对象是语言，基本任务是对语言的规律进行探索，使得人们能够通过规律性的认识获得语言知识，为人们提升语言能力或掌握新的语言提供帮助。我们可以从不同角度对语言学加以分类，例如：理论语言学，应用语言学；普通语言学，具体语言学；历时语言学（历史语言学、历史比较语言学），共时语言学（描写语言学、对比语言学）；宏观语言学，微观语言学等。语言学和其他科学结合起来，又产生了许多边缘交叉科学，如社会语言学、心理语言学、计算语言学、人类语言学、病理语言学等。

语言是一种普遍的社会现象，它与各种社会科学有着极为密切的关联。在社会科学中，与语言联系紧密的学科有历史学、考古学、逻辑学、社会学、文学等。随着科学技术的发展与进步，语言与自然科学的联系也越来越紧密，并且因为自然科学的发展出现了很多专业词汇。此外，就语言本身而言，语言学与数学、通信技术、信息论、控制论、符号学、计算机科学等方面的融合也越来越默契。语言学与不同学科之间的联系和影响，使不同学科之间的知识相互渗透，形成了知识领域。总的来说，关于语言学，除了要关注语言本身之外，还需要从以下几个方面综合考虑。

（一）语音

语音从一个人的口中说出，经过传播介质传入另一个人的耳中，时间短暂，并且不会留下踪迹。对语音及其传播这种没有实体且稍纵即逝的现象进行分析和说明，并不容易。

在语音研究领域，人们从生理学、物理学等不同的角度切入，对语音的产生和传播进行研究，明白了语音的产生与传播原理。随着电子声学的出现，人们通过对音波的研究，将其具象化，通过图像来揭示语音中的种种奥秘。

1．语音的主要性质

语言作为一个音义结合的符号系统，需要使用一定的介质承载其内容。人类在发展的过程中学会使用自身的发音器官发出不同的声音，来承载语言内容。从这个层面来说，语音是语言内容的载体，是语言系统能够发挥交流和表达作用的介质。

人们在进行思想交流和表达的过程中，需要借助发音器官将声音发出，才能将所要表达的信息和内容传递给其他人。语音的产生、传播和接收过程既涉及声音的基本物理属性，也涉及声音的社会属性。语音不同于一般的声音，首先语音是人类通过自身的发音器官主动发出的，其次语音是蕴含特定含义的语言载体。在发音过程中，说话者要根据既定的语言规则组织语音，使其能够负载想要表达的内容。

以语音为研究对象，探究语音中蕴含的科学原理与规律的学科叫语音学。对语音学的研究可以从两个方向展开，第一个方向是语音的自然属性（生理属性和物理属性）及其规律，第二个方向是语音的社会属性，主要分析语音与语言学的关系。

2．语音的发音器官

语音是以人体的生理构造为基础，在大脑的参与和调节下，发声器官的各部分协同作用产生的。从发音的角度来对语音进行分析可以发现，想要确定发音的部位和方法，必须明确发音过程中哪些声音器官参与其中，以及这些器官发挥的作用，通过对这些功能的认识明晰发音的方法。

人的发音器官由呼吸器官（肺）、发音体（喉头和声带）和共鸣腔（口腔、鼻腔、咽腔）三大部分构成。发音器官构件包括上下唇、上下齿、齿龈、硬腭、软腭、小舌、鼻腔、口腔、咽腔、舌尖、舌叶、舌面前、舌面中、舌面后（舌根）、会厌软骨、食道、气管、声带、喉结等。发音器官中，有些器官如唇、舌头、软腭、小舌、声带等是能够活动的，叫作主动发音器官；有些器官如上齿、齿龈、硬腭等是不能活动的，叫作被动发音器官。我们说话的时候，常由主动发音器官向被动发音器官接触或靠近，发出各种不同的声音。

声音是由物体振动引起空气振动形成音波而产生的。音波通过空气或其他传播介质进入人耳，引起鼓膜的振动，鼓膜的振动会刺激听觉神经，从而听到各种声音。从声学角度来说，声音有四个基本特征，即音高、音强（音重）、音长和音质。根据这四个特征，人们可以对声音进行区分。语音作为声音的一种，同样具有这四个基本特征。

音高就是声音的高低，从物理学角度来说，发音体振动的频率决定着音高的程度。发音体振动的频率快，声音就高，音高也就高；发音体振动的频率慢，声音就低，音高也就低。语音是以人体发音系统为物质基础发出声音的，因此声带的长短、薄厚等属性会对语音的高低产生影响，形成各种各样的声音。当然同一个人的声音也可以产生不同程度的变化，这是因为人体能够通过调整声带状态改变发音的特点。

音强（音重）是指声音的轻重或强弱，它取决于振幅（发音体振动的幅度，即振动着的空气粒子的压力）。振幅大，声音就强；振幅小，声音就弱。从原理上来说，人体发音的强弱跟呼出的气流量有直接关系，此外发音时的力度也会影响声音的强弱。用力发音，肺部活动范围大，呼出的气流量较大，声音就会比较强。

音长是指声音的长短，从发音的物理学原理来说，发音体振动持续时间的不同造成了声音的长短差异。发音体振动持续的时间长，声音就长，反之则短。

音质就是声音的性质或属性，是区分不同声音的主要因素。音质作为声音区分度最高的一个特征，形成原因较为复杂，需要从多个角度进行分析。从宏观上来说，不同发音个体音质的区别主要是由声音的产生和音响这两个因素造成的。这里对声音的产生这一因素进行分析。从声音的产生来看，造成音质差异的原因有三个：①发音体本身的属性差异（声带的薄厚、韧性等）；②发音方法的差异；③共鸣器形状的不同。不同个体之间的音质差异主要是由这三个因素共同作用造成的，任一因素改变都会引发整体的变化，从而导致音质的变化。

（二）语法

1. 语法的定义与主要单位

（1）语法的定义。语言作为一种交流的工具和手段，必须遵守一定的规则。语法规则是语言的使用者共同遵循的基本准则，是在语言使用的过程中逐渐形成的，并不是语言学家创造出来的。语法规则具有约定俗成性，语言学家将这些约定俗成的规则进行整理归纳，得出了系统的语法规则。语法作为规范语言使用的规则，其内容涉及词的结构变化以及句型的搭建等内容。语法具有较强的稳定性，虽然会随着时代的发展产生变化，但在一定的历史时期内是相对稳固的。

（2）语法的主要单位。语法学认为语法研究的四个基本单位是语素、词、词组以及句子。这些语法单位之间的基本组合逻辑是语素组合成词，词组合成词组，词组组合成句子。语法单位的一个基本特性就是在语法规则下能够从某一位置上被替换下来，并且能够在其他句子中担任相似的句子成分。语素、词、词组、句子都是基本的语法单位，在句子中发挥不同的作用，按照既定的规则进行搭配。

第一，语素。语素是所有语法单位中音义结合的最小单位。在汉语中一个汉字（一个音节）可以看作一个基本语言要素，用来表示既定的含义。当然在汉语表达中，虽然大部分语素为一个汉字，但也有两个汉字组成一个语素的情况，比如踉跄、踟蹰等。

第二，词。词是由语素组成的，也是句子中最小的语法单位。在句子中，语素作为最小的单位不能够独立使用，需要组成词才能使用，因此，词才是能够在句子中独立使用的、最小的语法单位。词是学习语言和组织语句的基础单位，是最重要的一级语法单位，在语言系统中处于枢纽的地位。

第三，词组。词组是由词组合而成的，词组在句子中能够整合独立的词语，规范句子结构，使句子能够更好地表达内容。此外，词组不仅是词语形式和结构上的组合，还能够表达丰富生动的内容和含义，比如“你一言我一语”“喜笑颜开”等。

第四，句子。句子是语言构成中最大的语法单位，在人际交往中所有的交际内容都是通过句子的表述实现的。句子含义的表达有两个基本条件：一是符合语法规范和表达规则，具有完整的句子结构；二是句子的语调，只有符合表达情境的语调才能准确传递句子的含义。

句子以上的语言单位是语篇与语段。一般来说，语法学主要分析和研究语素、词、词组和句子等基础语法单位，语段和语篇不在探讨范围之内。此外，语法单位之间进行组合搭配的规则就是语法规则。语法规则包括两个方面的内容：第一，语素之间搭配构成词语以及词语之间搭配构成词组的构词规则，称为词法；第二，词组之间组合搭配构成语句的构句规则，称为句法。

需要注意的是，句子是线性的，就像一根横向的轴，组成句子的各个语言片段（语法单位）处在这根轴的不同位置上，由组合规则把它们连接起来；每个位置上的语言片段又能被其他语言片段所替换，从而形成不同的句子。语法单位不能随意进行替换，要遵循相应的规则，即我们上文提到的聚合规则。聚合规则将功能相同的语法单位聚合在一起，成为不同功能的语法单位归类，每一个类中的语法单位在句子中能够相互置换。聚合规则的出现为我们的句子表达提供了更多的可能性，根据语法规则，我们通过同类语法单位的置换能够不断产生新的句子，同时也赋予了语言更多的魅力。

2. 语法的意义和范畴

（1）语法的意义。每个语法单位（语素、词、词组、句子）除了本身所承载的内容含义之外，还有语法层面的含义，我们称之为语法意义。所谓语法意义，就是语法单位在聚合或组合中所产生的各种关系意义。在语言学中，语素和词的组合能够产生更多的含义和内容，归根结底是因为语法意义。例如，在英语里，He is 的 is 有第三人称、单数、现在时的语法意义，而 They are 的 are 则有第三人称、复数、现在时的语法意义。又如，“客人来了”是主谓结构，“来客人了”是述宾结构。外国学生一般难以厘清其中的区别。其实前一句的“客人”是确定的，即有定的，说话双方都知道客人是谁，相当于英文的 the guest（s），而后一句的“客人”是无定的，相当于 a guest 或者 guests，这是语法结构所赋予的比较细微的意义上的差别。

（2）语法的范畴。任何语法单位都是语言要素组合的形式和语言内涵的有机结合。词形变化（形态）是词的语法规则作用的结果，每一种词形的变化实际上都代表了语法意义的变化。例如，英语的名词不加 s 时一般表示单数，加 s 时表示复数；单数和复数是两种语法意义。我们可以把这两种语法意义概括成一类，叫作“数”的范畴。关于语法范畴的含义我们可以类比语素与聚合规则来理解，实际上语法范畴是语法意义所形成的类，是由词的变化形式所表示的意义方面的聚合，把词的语法形式，即形态所表示的语法意义概括起来归成类便成为语法范畴。因词形变化所表现出来的语法范畴，实际上是由词形能够发生变化的词语所组成的。汉语不同于英语，词语没有时态和单复数的变化，因此我们对这类的语法范畴缺乏明确的认识。一般来说，常见的语法范畴主要包括性、数、格、时、体、态、人称等。

第一，“性”。“性”是指在语言中某些名词的具体分类。形容词的基本作用是对名词进行修饰或者描述，一般会随着所修饰名词的变化而产生变化。“性”是一个语法的概念，是词形变化（词的语法形式）所表现出来的语法上的性别概念。这里所说的性和生物学的性别是两个不同的概念，我们要科学进行理解，比如，太阳在法语里是阳性，在德语里是阴性，在俄语里是中性，这些都是由语言习惯决定的。

第二，“数”。“数”是指因为数量变化引起的词形变化，用来表示事物的数量特征。从语法范畴上来说，数包括单数、复数，部分语言还有双数这一概念。

第三，“格”。“格”表示名词、代词在句中和其他词的关系，这些关系也是通过词形变化表现出来的。在语法范畴内，格的类型因为语言种类的不同而有所差异，比如我们常说的主格、宾格，以及不常见的与格、属格等。

第四，“时”。“时”是动词的语法范畴，用来表示动作发生的时间。一般来说，在语言表达中时态主要包括三种，即过去时、现在时和将来时，所有时态的界定都是以说话的时间为判断标准的。现在时表示说话时动作行为正在发生，过去时表示行为动作发生在说话之前，未来时表示行为动作发生在说话之后。

第五，“体”。“体”也是动词的语法范畴，用来解释或者说明在说话时行为动作发生的方式或者进行的状态。体范畴在不同种类的语言中有不一样的表现形式，一般来说，常见的体范畴有进行体、完成体、未完成体等。

第六，“态”。“态”同样是动词的语法范畴，用来表示动作和行为发生主体的关系，分为主动态和被动态两种。主动态表示语句主体是行为动作的发出者，被动态表示语句主体是行为动作的承受者。

第七，“人称”。“人称”表示谈话时说到的对象，是说话者自己（第一人称），或是对方（第二人称），或是第三方（第三人称）。有的语言动词的词形会随着人称的变化而变化，这样，动词就有了人称的语法范畴。

对语言运用过程中经常出现的语法范畴进行分析和总结可以发现，语法范畴具有很强的语言依附性，不同语言的语法范畴有很大的差异，在语言学习过程中要避免用熟悉语种（比如母语）的语法范畴去替换另一种语言的语法范畴。这里所强调的语法范畴主要指词形的变化，换言之，是词的语法形式所表示的语法意义的概括。除了可以用词形变化来表示不同的语法意义之外，还可以通过不同词语之间的组合来表示语法意义，称为结构语法意义。五种基本的语法结构类型——主谓、述宾、述补、偏正、联合，实际上就是从语法意义的角度划分出来的。主谓结构的意义是“陈述”，述宾结构的意义是“支配”，述补结构的意义是“补足”，偏正结构的意义是“修饰”，联合结构的意义是“并列”或“选择”，因此语法意义又可以称为结构意义。

3．语法的形式和手段

（1）语法的形式。语法单位是语言要素相互组合的形式与语法意义的统一。语法意义蕴含在不同的句子当中，只有通过一定的语法形式才能展现出来，因此语法形式是语法意义的载体。例如，词形（形态）变化就是语法形式，即通过词形的变化来表示语法意义上的差别。在有些语言中，词与词在进行组合的过程中形式会发生相应的变化，这也是词形语法范畴变化带来语法意义变化的典型表现。不同的词语之间进行组合会形成新的词组和语法意义，不同的变化形成的聚合称为形态，也就是我们所说的词形的变化。

（2）语法的手段。将具有共同特点的语法形式概括归集起来形成类，就是我们所说的语法手段，一般来说，语法手段主要有以下几种。

第一，附加。附加是在词根的不同位置加入词缀形成新的词语，一般来说，通过词缀构成的词可以用来表示某类特定的含义。

第二，内部屈折。内部屈折是利用词根内部在语音上的变化表示不同的含义，这也是常用的语法手段之一。

第三，重叠。重叠是利用整个词或词的一部分进行重叠来表示特定含义的语法手段。在汉语中，叠词是常见的一种表达方式，不同的叠词可以表达不同的含义，比如看—看看，听歌—听听歌等。

第四，重音。重音是利用词中重音位置移动的方式来表示不同的语法意义。如英语的 consort，重音在前，是动词，表示陪伴、结交等，而重音在中间，则是名词，表示配偶等。

第五，异根。异根是用不同的词根来表示同一个词的不同语法意义。

第六，词序。词序是指遣词造句的时候词语必须按照一定的语法规则和表达规律进行排列，才能准确表达含义。从字面意思可以看出，词序就是词语的组合顺序，通过对词序进行排列组合能够表现不同的语法意义。例如，漂亮女孩（偏正结构）——女孩漂亮（主谓结构）。在词语形态相对丰富的语言中，词序在语法意义表现中的作用会弱一些，比如俄语；在词语形态变化比较少的语言中，词序在语法意义表现中具有非常重要的作用，比如汉语能够通过词序变化组合出多种语法形式，承载各种各样的语法意义。在汉语表达中，语言要素的结构关系很多时候需要用词序来体现。

第七，虚词。虚词作为语法结构中的重要要素，在语言的组合过程当中发挥着联系不同句子结构的作用，是不同词组和语法结构之间进行组合的润滑剂。虚词的运用可以将不同的词组或语法结构联结起来，形成完整的表达结构。

第八，辅助词。辅助词也是虚词的一种，但辅助词不同于传统意义上的虚词，其用法相对特殊。辅助词能够附着在主词上，帮助实词或者词组表达一定的意义，比如法语的冠词 le、la 总是和名词一起出现，表示阴性和阳性；英语的 the、a 和名词一起出现，表示有定或无定的语法意义。

（三）词汇

作为一个音义结合的符号系统，语言在运用过程中需要借助语音和词汇才能实现意义的表达。一种语言中所有的词和固定的词语搭配构成了这种语言的词汇系统。在语言研究中，专门研究词汇的学科就是我们所说的词汇学。

一种语言可能包含的词汇的种类并不多，但是词汇包含的词语会非常多。我们从语言交际的事实出发，词汇实际上可以是局部范围或者某类词语的总和。不同语言的词汇具有各自的语言特点，在使用过程中要尊重语言本身的表达规律和语法规则。

1．词汇的特色

词汇是语言中词和固定词组的集合。词是词汇系统中的基本要素，在词汇系统中具有重要的地位和不可替代的作用。词汇是语言体系中庞大而复杂的系统，是语言学习的基础，深刻认识与了解词汇对我们学习和掌握语言具有积极的意义。词汇根据不同的分类标准可以分为不同的种类，根据使用情况，词汇可以分为基本词汇和一般词汇。这里的基本词汇是指在语法规则中处于核心地位，使用频率较高，范围较广的词汇。一般词汇是指在语法规则中处于辅助或者从属地位，具有较强的可替代性，使用频率较低的词汇。

基本词汇作为整个词汇系统的核心组成部分，具有普遍常用性、稳固性、能产性（有构词能力）等特点。

（1）普遍常用性是针对基本词汇的使用范围和使用频率而言的。组成基本词汇集合的词语能够在语言覆盖的地域范围内使用，并且能够用于人们的生活、工作和学习等各个方面。此外，基本词汇集合中的词语使用频率非常高，在人们语言中出现的次数较多，在很多交流用语中都需要用到。

（2）稳固性作为基本词汇的特点之一，是针对词汇发展的历史和时代特点而言的。基本词汇集合的稳固性强，在词汇发展的历史过程当中保持着相对稳定的含义和语法特点，能够长期稳定地供人们使用。此外，基本词汇的稳固性也是语言得以传播和传承的基础，尤其是在全球化背景下，基本词汇必须保持稳固，帮助人们更好地交流。

（3）能产性是就构词能力而言的。基本词汇是一种语言中最稳定的词汇部分，很多词汇都是以此为基础衍生出来的，这种构词能力是基本词汇的重要特点之一。当然，构词能力虽然对基本词汇非常重要，但这并不意味着所有的基本词汇都有很强的构词能力，事实上由于基本属性和语法规则的限制，有些基本词汇构词能力有限，有些甚至没有构词能力，虽然这种情况极为少见。

在一门语言中，基本词汇集合以外的词语是一般词汇。一般词汇与基本词汇有不同的特点和语法属性。一般词汇的特点包括：具有非全民常用性，在某个历史阶段或某个领域常用，但不具备稳固性，总体而言构词能力比较弱。一般词汇的基本种类主要包括古词、行业用语、科技术语、方言俚语、外来词以及新词等。从一般词汇的种类可以发现，一般词汇的数量非常庞大，成分混杂，并且会随着时代的发展而产生变化。

随着社会条件和历史环境的发展和变化，语言的内涵也在不断地丰富。一般词汇是语言词汇体系中发展性较强的部分，语言内涵的丰富和发展主要也是依靠一般词汇的变化和丰富实现的。一般词汇与基本词汇之间能够相互转化，在不同的社会背景和语言发展阶段，词汇本身所具有的特点会有所差异，发生性质上的转变，有些一般词汇因为语言的发展而具备了基本词汇的特性，进而转变为基本词汇，而少数基本词汇则会因为时代的发展丧失稳固性，转变为一般词汇。

2．词汇的意义

从意义角度来说，词具有两种不同性质的意义，一种是语法意义，用于表示词语在句子结构中的作用，另一种是词本身所承载的内容意义，是词本身的含义。

人们对现实现象的概括反映，以及由此带来的人们对现实现象的主观评价就是词的词汇意义。词义是以词本身对现实现象的反映为基础的，因此，词义是客观事物和客观现象在人脑当中的映像，在语言当中用来形容和表示相关的内容。词义是词的基本属性，是以客观事实为依据的，不涉及人的主观评价和态度，能够客观反映事物的状态。事实上，在语言表达过程中，语言的使用者由于个人经历和情感的影响，很难对事物进行完全客观的认识和评价。因此，在实际语言中，虽然词是客观事物的反映，但在语言使用者主观情绪和使用情境的影响下，词义会带有一定的情感上的褒贬色彩。

词义附加的情感色彩虽然能够反映出语言使用者的基本态度，但是词的情感传达并不是由个人的好恶决定的，而是在词的使用过程中逐渐形成，并被社会成员认可的。词的理性意义是词义的核心，也是语言的学习者和使用者学习语言和使用语言的基础。作为词的核心部分，词义的延伸主要包括以下内容：

（1）同义词。读音不同但是意义接近或相同的词语称为同义词。这里所说的“同义”是指词的理性含义相同，对词的感情色彩不作考虑。同义词虽然表示的含义大致相同，但仍然存在细微的差别，这一点在词的使用过程中要特别注意，必须根据具体的使用情境和想要表达的内容合理选择。

（2）反义词。反义词是与同义词相对的一种词义，是指词义相反的两个词。反义词用来描述和概括与同类现象相反或者对立的另一类现象。反义词之间相互对立的程度不同，有些反义词之间具有完全意义上的对立性，比如“男”“女”，有些反义词只是代表事物的两个极端，有中间地带，比如“大”“小”。

（3）单义词。单义词是指只有一个意义的词，这类词在运用过程中只能用来表达某一项内容。

（4）多义词。多义词是指有多个意义的词语，多义词的意义大多数是从词的本义衍生出来的。多义词在运用过程中可以根据不同的使用情境对不同的内容进行概括。分析和认识多义词需要使用义素分析的方法，具体来说是用类似音位的区别特征的手段对词语进行分析。义素是语义分析和研究的最小单位，义素能够组成不同的词，这是现代语言学的基本认识。从操作层面来说，任何词的意义都可以看作义素的组合，如“女孩”是由“[＋人][－成年][－男性]”三个义素组成的。义素分析的第一个步骤是利用类比的方法，将在意义上具有相似性的某些词语进行比较，然后将这些词中的共同特征提取出来。如“男子、女子、男孩、女孩”这组词，经过对比，可以提取出如下特征，从而看出这些词的语义结构：

男子：[＋人][＋成年][＋男性]

女子：[＋人][＋成年][＋女性]

男孩：[＋人][＋年幼][＋男性]

女孩：[＋人][＋年幼][＋女性]

义素分析的第二步是运用对立关系（即“非此即彼”或“＋”或“－”）把词义分割成最小的对立成分，或是对上面分析出来的语义特征进行归并，从而显示语义间的相互关系，如下：

男子：[＋人][＋成年][＋男性]

女子：[＋人][＋成年][－男性]

男孩：[＋人][－成年][＋男性]

女孩：[＋人][－成年][－男性]

在对这组词进行义素分析后，实际上得到了三组互相对立的语义特征：[±人][±成年][±男性]。

（四）文字

1．文字的起源

文字是用来记录语言的符号，文字通过一套书写体系对语言进行符号记录，使得语言能够被记录下来。文字是人类的伟大发明，极大地促进了人类的发展和进步，在人类发展历史上具有极为重要的意义。在文字发明之前，人类使用实物和图画记事。实物记事和图画记事作为人类曾经使用的记事手段，对人类文明的发展起到过不可替代的作用。其中图画是人类文字的前身，将早期人类记事图画进行简化，并对应不同的语素或者词语，就产生了真正的文字。文字起源与图画有关是不争的事实，尤其是象形文字的发展非常生动地诠释了这一结论。

关于文字的演变和发展，我们可以从不同的角度来进行认识和分析，其中文字记录语言的完备程度和造字的方法最具代表性，是较好的切入点。

文字一开始并没有完全固定下来，因此地域和时间要素都是文字记录语言的障碍。此外，早期文字数量较少，只能用来简单地记录事物，对相对复杂的事物缺少记录能力。人类早期的文字是经过漫长的实践才逐渐发展起来并形成相对完整的文字记录体系的。

与原始文字相比较，独立的文字体系必须满足三个基本条件：

第一，把一整幅图形进行简化或者将其拆分为不同的图形单位，每一个简化图形或图形单位对应一个语素。

第二，经过简化的表意图形或者图形单位能够进行意义迁移和重复使用，并且能够表达固定的意义。

第三，把不同的简化图形或者图形单位按照表达规律进行线性排列，并且能够依次进行朗读，形成完整的句子结构和有效的音义结合系统。

就造字的方法来说，文字的发展经历了表意、表意兼表音以及表音三个阶段。从人类早期的图画记事到今天成熟的文字系统，文字经历了非常复杂的发展过程。象形表意是从最早的图画文字发展起来的，表意字虽然能够通过字形进行表意，但其音义结合的语言表达系统已经将人类文字发展向前推动了一大步，也是人类发明文字所跨出的最重要的一步。

随着人类意识的发展和文字记录系统的逐渐完善，人们认识到字形、语音和词义之间的联系之后，开始使用同音的表意字来记录语言中的一个词，或者通过在表意字的旁边加注读音来表示新的含义，意音文字开始出现。就目前人类世界的文字系统而言，具有独立完整发展过程和体系的文字都属于意音文字，即通过音义结合、音形结合两种方法来进行表意。古埃及的圣书字、古美索不达米亚的钉头字、中美洲的玛雅文字和我国的汉字都是这种类型的文字。从目前世界上有据可考的文字系统来看，各种意音文字体系都包含三种不同类型的字形——表意字、假借字和形声字，这三类字分别代表形意结合、音意结合以及形、意、音结合的三种基本造字方法。

一般来说，在一种语言中音位是有限的语言要素，大部分语言只有几十个音位。在语音系统中，用几十个音位来表示所有文字显然是不可能实现的，因此必须由不同音位组合起来形成音节，再由音节的组合来赋予文字特定的读音。表音文字最早是从简化的文字系统的需求中产生的，用适当的图形来对语音进行记录，能够极大地简化整个语言系统，表音文字就是在这种发展趋势中产生的。表音文字代表人类文字系统向更加简洁、高效的方向发展的基本趋势。记录语言中的音节的文字就是音节文字，记录语言中的音位的文字就是音位文字。音位文字是所有文字系统中最为简洁的文字表达，同时其表达语意的便捷性也能得到极大的保证。

此外，从人类语言系统的发展来看，造字的方法分为两种，第一种是表意文字，第二种是表音文字。创造表意文字的主要方法是象形，目前世界上所使用的象形文字都是早期人们用这种方法创造出来的。创造表音文字的方法有两种，第一种是假借，第二种是专门创造的表音文字。专门创造的表音文字又主要分为两类，第一类是表音节文字，第二类是表音位文字。从人类文字发展的历史来看，从表意到表音是造字发展的基本方式。

2. 文字的特征

文字是记录语言的书写符号系统，是除语言之外人类最重要的交际手段。文字伴随语言产生，与语言的发展相互作用，是推动人类文明发展和进步的重要工具。

文字书写系统是通过图形来记录语音和语义的一种符号系统。语言要素中的文字是一种书写符号，是通过视觉所能感知的形式来标记语言的。语言中的语素和词包括音和义两个方面，记录语言的文字，除了音、义之外，还必须有自己的形体。因此，文字有字形、字音和字义三个部分（文字的三要素）。字音、字义和语素、词等单位的音、义一致，而字形是文字所特有的，它是把语言的听觉符号转变为视觉符号的主要手段，因而是文字最基本的要素。

文字学是以记录有声语言的书面符号系统——文字为研究对象的一门语言学学科，它的任务主要是研究文字与语言的关系、文字的结构系统以及相应的书写形式和规则、文字的发生和发展的历史等。

3. 文字的作用

语言作为人类进行沟通和交流的工具，能够将不同的社会成员联系起来。如果没有语言，人类文明也将不复存在。语言是一种有声的表意符号，语音是语言交流的载体。由于声音发出后转瞬即逝，因此仅仅依靠发声器官和听力系统无法将语言记录下来，更无法使声音跨越时间和空间得以传播，这是语言交流最大的局限。为了克服语言交流在时间和空间上的局限性，人类发明了文字，通过书写符号来记录语言，承载信息，这使得语言能够在更广的范围和更长的时间内得以保存和传播，极大地完善了语言的交际和传播功能，为人类文明的发展奠定了坚实的基础。在文字的影响下，不同地区的人们可以通过文字学习不同的知识，然后通过协调改善自己的行动。人类在发展过程中形成的生活和生产经验也借助文字得以传播和保存，这大大加速了人类文明发展的速度。从这个层面来说，文字不仅具有交际功能，同时也是信息传播的媒介。

从学习的角度来说，文字是学习者获得新知识的工具，尤其是在第二语言习得的过程中，文字能够帮学习者更好地认识和理解第二语言。文字产生于语言之后，文字产生后人类社会的信息传播迎来了一次重大的变革，打破了时间和空间的限制。在文字的影响下，人类社会的语言产生了重大的变化，语言与文字的结合使得整个语言系统和表达逻辑越来越精密。同时，文字和语言的发展促进了文学的发展。

第二节 对外汉语教学理论的框架

一、对外汉语教学的学科体系

“对外汉语教学应该注重学科意识的增强，形成系统化、规范化的学科体系内容，通过具有针对性和方向性的教育实践设计让对外汉语教学实践得到有效的拓展和延伸。”①

在教学手段越来越丰富的今天，各种新技术与教学工作的结合越来越紧密，事实上现代教育与多媒体技术和计算机技术的结合已经渗透到教育的各个领域。教育实施者应该考虑在对外汉语教学中要关注哪些技术，如何利用新的教学技术提升教学效果等问题。就对外汉语教学来说，研究“教什么”是对教学内容进行确定。对作为第二语言的汉语（包括汉字）本体研究的理论基础是语言学理论。对外汉语教学的本体研究，需要聚焦于汉语的发展，也是对外汉语教学学科的核心部分。因此，加强对外汉语研究，首先要加强汉语研究，对汉语本质的深入分析和研究是推动对外汉语教学发展的有效手段。

从应用角度来说，对外汉语教学研究涉及的课题就更加丰富了，需要开展如下应用研究：①对外汉语教师的现状和能力的调查与研究；②汉语水平考试以及汉语能力测试研究；③对外汉语教学所需要的多媒体教

---

① 任谦．对外汉语教学和学科意识增强刍议[J]．环球人文地理，2015（24）：162．

材与素材库研究；④汉语中介语及语料库研究；⑤对外汉语教材使用情况的调查与研究；⑥对外汉语教学与研究所需要的多用途语料库建设与研究；⑦跨文化语言交际研究；⑧对外汉语教学所需要的单语、双语、多语工具书的编写研究；⑨对外汉语教学信息情报搜集与研究；⑩对外汉语教学应用软件开发与研究等。

二、对外汉语教学的学科定位

对外汉语教学是我国高等教育体系的一个教育科目，同时也是一个独立的学科。对于对外汉语教学，学界和研究界一直没有形成一个统一的定义，但是我们可以从字面意思来理解，对外汉语教学即针对非汉语使用者的语言习得教学。对外汉语教学和研究活动要找准定位，积极把握学术方向，寻找更好教学和研究的切入点，不断提升对外汉语教学的研究水平和教学质量，为汉语的传播贡献力量。

汉语教学成为独立学科的时间并不是很长，在整个应用语言学的学科体系中发展势头最好的是外语教学。有时这个名称似乎只指这个领域，经过不断的发展衍生出几个新的研究领域和应用领域，比如语言故障的语言学分析、母语教育中的语言使用、词典学的发展、翻译和风格学等。应用语言学是以语言教学为研究对象的学科，应用语言学具有较强的实践性和应用性。

对于对外汉语教学这一学科的构成，我们可以总结为两属性、三要素。两属性为：对外汉语教学以汉语教学为基本学科属性，以对外教学为应用属性。三要素为：汉语学科是对外汉语教学的核心内容，也是对外汉语学科的第一要素；对外汉语教学是针对非汉语使用者的教学活动，因此“对外”是现代汉语学科的第二要素；教学作为对外汉语教学实现的主要手段，是对外汉语教学的第三要素。

三、对外汉语教学的研究框架

对外汉语教学经过数十年的发展，形成了相对广泛的学科认识，即对外汉语是一门发展时间不长的交叉学科，涉及语言学、心理学、教育学等学科领域。对外汉语教学研究的核心问题是怎样实施对外汉语教学活动，而想要研究如何教学，必须要先明确“教什么”的问题。

研究框架的核心应该是作为第二语言或外语的汉语，服务第二语言或外语的汉语本体研究。换言之，“教什么”才是研究的核心问题，而不应是

“怎样教”。对外汉语教学不同于语文教学，它既属于汉语教学的范畴，同时也兼有外语教学的属性，这里的汉语实际上是指作为第二语言或者外语的汉语，与平常意义上的汉语有所差别。研究“对外汉语”与研究以汉语为母语的教学活动有很大的差别，因为对外汉语教学对象缺乏语言环境，教育实施者必须从教学目的、教学内容、教学方法和教学手段等各个角度对教学活动进行新的定位与设计。对外汉语的教学目的是帮助将汉语作为外语的学习者掌握汉字的发音规律，了解汉语的语言规则与搭配习惯，从而正确运用汉语进行交际。对外汉语教学的内容，不仅要明确汉语与其他语言在表达习惯和语法规则上的共同点，同时也要明确汉语在发展、学习和使用上的独特之处。对外汉语教学研究，需要用到的研究方法有对比分析、教育测量以及运筹统计等，这种将汉语作为第二语言或者外语的研究角度体现了学科研究的基本特点，可以在学科研究的理论框架下，解决对外汉语学科“教什么”“如何学”“怎样教”的问题。

研究“教什么”，把汉语作为外语教给第二语言学习者，帮助他们掌握汉语词汇，学会使用汉语。在“学”和“教”这一相互影响的矛盾关系当中，首先要明确学习的过程和规律，才能针对学习过程采用有效的策略。

综观全局，对外汉语研究既然定位于应用语言学研究范畴，就应该是语言学、心理学、教育学、计算语言学和现代教育技术的交叉地带。总而言之，对外汉语研究应走出单向研究模式，迈向多层面研究相结合的系统研究模式。我们应把对外汉语研究看成一个系统工程。作为一个系统工程，各领域之间应该是相通的，而不是封闭的。

第二章　汉语语言学理论与流派

第一节　汉语言的语法特点

随着人类认识水平的提升，人类社会的发展越来越快，语言作为与社会发展紧密相关的文明成果，也正在发生巨大的变化。对汉语与汉语教学的研究随着社会的发展不断深化。汉语言在学术研究上是一个专业的学术用语，是在社会发展中承载我国历史文化和民族智慧的载体，中华文明以汉语言为载体代代传承。汉语作为一门古老的语言，具有非常悠久的历史。在长期的发展过程中，汉语与我国文化深度结合，形成了独特的语言规则，比如丰富的量词和虚词，句法结构没有固定的框架等。因此，随着时代的发展，对汉语言的使用规律和语法规则进行更深层次的研究，能够帮助我们更好地认识和理解汉语言。汉语言的语法具有如下特点：

第一，非常重视语言使用的情境。在汉语的日常运用过程中，一般会在语言表达的开端点明将要表达的主题，比如“今天的会议主题是‘提高安全意识，保障安全生产’。”在汉语的语言表达逻辑中，一般会将某一个具体的事物作为语言的主题，并在语言结构中将其置于核心位置。不仅如此，由于语言使用的语境会随着各种主客观因素的改变发生变化，因此在使用汉语表意时可以根据语境对表达顺序进行调整，比如“农田里谁在劳动？”“在农田里劳动的是农民伯伯。”这两个句子的句型比较分散，在不同的表达语境中可以采用调整表达顺序的办法改变表达方式。

第二，注重韵律的使用。韵律多用于音乐当中，在汉语漫长的发展和完善过程当中，汉语的使用技巧与韵律通过合理的搭配，对语句的结构形成了一定的制约。“红日初升，其道大光；河出伏流，一泻汪洋；潜龙腾渊，鳞爪飞扬；乳虎啸谷，百兽震惶；鹰隼试翼，风尘吸张；奇花初胎，矞矞皇皇；干将发硎，有作其芒；天戴其苍，地履其黄；纵有千古，横有八荒；前途似海，来日方长。”（梁启超《少年中国说》）对于韵律的追求与使用渗透到了汉语言的方方面面，这一特点在世界各个语种中都非常罕见，可以说是汉语的特色之一。韵律的使用能够提升语言朗读的连贯性，韵律与词语的巧妙结合产生了很多含义深刻、朗朗上口的诗文和术语，给人以美的享受。

第三，应用非常灵活，没有严格意义上的固定使用框架。汉字是一种表意文字，每个汉字都有自己独特的含义，在语言使用过程中通过搭配组合成词进行表意。这一点与欧美地区的字母语系有很大的差别，比如汉语没有词性的变化，也不像字母语系能够通过添加特定的词缀改变词性，并且句法与词类之间的对应关系没有被限制。在汉语的表达规律中，调整语序和使用虚词是调整表现形式的主要手段。在汉语的语法规则中，词、词组与句子具有相似的组成结构，这一点也是汉语区别于其他语言的重要特点。

综上所述，“汉语言的语法有着多元化特点，其原因是汉语言语法的形态多变，不仅如此，虚词和语序的变化，以及短语和句子的组成，也具备十分丰富的特性”[①]。在汉语研究过程当中，研究者必须要用发展的眼光看待问题，在新的历史条件下对汉语语法进行发展性的研究，不断深化汉语的研究成果，保证汉语的旺盛生命力。

第二节　汉语语言学研究的思路

一、以汉语现象作为研究切入点

就汉语语言学的研究历史来看，以汉语语法为核心内容的研究体系在相当长的一段时间内影响着我国汉语研究的学者。实际上在语言研究与运用的过程当中，很多学者发现以语法为核心的汉语研究存在很多不合理的地方。如由于汉语的实际应用非常灵活，语法研究成果在实际运用中存在不少障碍，这一问题在语言研究中越来越突出。因此，改变以语法研究为核心的汉语言研究体系，成为汉语研究的一个重要课题。

在语言学的研究中，根据语言发展特点和使用特点，我们可以充分认识和研究语言规律，对语言表达和使用的艺术进行深入的理解。在汉语语言研究中，无论是从历史经验总结的规律，还是根据时代特点得出的成果，总是与汉语语言艺术欣赏存在很大差距，并且其泛用性总是无法得到保障。通常情况下，句子结构包括主、谓、宾、定、状、补等基本的语法成分，

---

① 王莹．汉语言语法特点及汉语语言学的研究[J]．北方文学，2020（17）：113．

并在这一基础上对词进行选择和运用。这一规则在书面表达中具有较强的适用性，但在文学作品中这一规则并没有得到很好的体现，甚至很多文学语言与这一语法规则背道而驰。因此，在汉语研究中我们必须拓展研究范畴，以汉语的实际应用为切入点，对汉语使用规律进行更加全面和深入的研究，提升汉语研究成果的适用性。

"汉语语言现象是在发展过程中不断完善的，在发展的过程中语言学研究还会在发展的形态上表现出独特的内在规律，从外部形态来研究内部规律是人类认识客观事物的基本方法"[①]。在汉语语言的研究过程中，要不断丰富语言研究的方法，建立完善的汉语语言研究体系，不能仅使用一种方法。在语言研究过程中，我们不仅要对具体的语言现象有一个整体的认识，还要从具体的"语料"中去观察和分析各种语言规律，由表及里地认识其中的语法规则。因此，我们在认识和理解汉语语言的过程中，要在掌握汉语使用规律的基础上，从更深的层次对汉语使用中存在的各种现象进行客观认识，这样才能更好地认识和理解汉语言。

二、研究方法注重选择与创新

对于某一种语言形式和使用技巧来说，之所以能够在漫长的语言发展历史当中得到传承，是因为这种语言形式和使用技巧本身体现语言运用的规律，并且蕴含着语言在历史发展过程中形成的文化积淀。从内容和形式上来看，如果在语言发展的过程中，对这种语言方式或者语言技巧进行限定，那么这些语言形式的灵活性和巧妙性就会大打折扣，无法在瀚如烟海的语言中被人们认识和使用。从这个层面来说，我们注重对语言发展过程中的语言净化进行研究，这不仅是传承语言和文化精华的需要，也是深化语言研究、促进语言时代发展的需求。

语言在使用过程中具有很强的灵活性，其使用技巧也会随着时代的发展产生一定的变化。在汉语语言的发展历史中，汉语的句法成分、虚词在语句当中的排序从古至今发生了很大的变化，这种变化是随着时间的推移逐渐产生的，这样表明汉语在随着时代的发展不断进步。汉语作为一种强调使用情境的语言，其使用规律和使用技巧会受到使用情境的限制，这也是我们研究汉语的历史变化，探究汉语发展规律的重要基础。因此，我们在研究汉语的过程中，要明确语言研究的历史条件和语言环境，并以此为

---

① 贺莹莹. 刍议汉语语言学研究的新思路[J]. 华章，2014（13）：77.

基础找到语言现象中隐藏的各种规则和限定因素，从本质上认识语言现象中的规律。

总而言之，语言研究要对各种各样的语言现象所蕴含的规律进行挖掘，切忌以僵化的理念和方法对不同的语言现象进行研究，否则语言研究将会陷入困境。

第三节　语言学习流派与教学法

一、认知派与经验派的教学法

认知派是从语法翻译理论中衍生出来的一种学习理论流派，这一理论流派强调学习者对语法规则的理解和掌握。经验派强调学生语言经验与语言习惯的形成，与认知派在语言教学中的观点有所不同。这两个语言教育流派时间较长，20 世纪 70 年代之前就已经形成了相对完整的理论体系，二者对语言教学的基本认识存在原则上的差异，并且对语言教育影响深远。这里以时间为线索对这两个理论流派进行介绍和分析，对语言教学发展的相关规律进行梳理。

（一）语法翻译法

1．语法翻译法的界定

语法翻译法又称“传统法”或“古典法”，是一种以语法教育为核心，通过母语教学和翻译，培养第二语言读写能力的语言教学方法。语法翻译法是外语学习与教学历史上最早出现的教学方法，最早用于欧洲地区培养古希腊语和拉丁语的使用能力者，发展历史悠久，并且形成了完善的教学体系。18 世纪随着资本主义国家的扩张，世界各地的联系日益紧密，越来越多的人开始学习英语、法语、意大利语、西班牙语等语言，而这些语言的学习就沿用了古老的学习方法。18 世纪末 19 世纪初，为了更好地促进语言教学的发展，帮助更多的人掌握第二语言，德国的语言学家奥伦多夫等人对语法翻译法进行了总结，并在相关领域完善了教学理论和教学方法，使语法翻译法成为一种完整的第二语言教学法体系。

语法翻译法的语言学基础是历史比较语言学。历史比较语言学认为，人类所使用的所有语言都起源于一种原始语言，并且具有相同的语言规律，词汇虽然形式不同但表示的概念是相同的，不同语言的区别在于书写系统和发音，因此在语言学习中要先掌握共同的语言规律，在建立起基本的语言和语言规律认识之后，通过书写和词汇系统的训练帮助学习者掌握第二语言。语法翻译法的教学本质上是通过两种语言词汇的对比和词汇的置换实现语言掌握。

语法翻译法的心理学基础是德国哲学家沃尔夫在 18 世纪提出的官能心理学。官能心理学认为心灵是各种官能的有机统一，不同的官能单位共同构成了心灵系统，并且不同的官能经过训练能够得到强化和发展。这一理论对 18 世纪和 19 世纪的教学工作产生了影响，一些教育者将教育对象的官能刺激和训练作为提升其智力水平的主要手段。这一理论与语言教学联系起来主要是因为拉丁语，当时人们认为复杂且严密的拉丁语能够训练人们的逻辑能力，促进人们智力的发展，因此拉丁语教学作为一种官能训练手段与官能心理学紧密联系在一起。

2. 语法翻译法的特点

语法翻译法发展历史悠久，在语言教学历史上发挥了重要的作用，这里对语法翻译法的特点进行分析和总结。

（1）语法翻译法的核心教学目标是帮助学习者理解第二语言，培养第二语言学习者的书面表达能力，阅读能力，写作能力，口语表达能力和听力。

（2）语法翻译法的核心教学内容是第二语言使用中系统的语法知识，教学以演绎法为主，通过对语法规则和语言规律的详细分析帮助学生掌握语法知识，并通过相关的训练巩固理论知识。

（3）语法翻译法的词汇学习和选择是由教学内容决定的，一般来说教学内容以教材为载体，新词汇的学习以教材中的课文为基础。

（4）语法翻译法用母语进行第二语言的学习，对翻译有较大的依赖性，并且需要通过大量的练习掌握相关语法知识的运用。

（5）语法翻译法是强调学习规范的书面语言表达体系，因此在教学过程中强调对第二语言标准表达方式的学习和文学名著的阅读。

在语法翻译教学的过程中，教学顺序是词法、句法、语法，在这个过程中通过穿插相应的训练让学生掌握相应的规则。课文教学是语法翻译法的重要内容，一般要求学生记住课文。

在第二语言教学的发展过程中，语法翻译法是最早产生的完整的教学体系，通过对第二语言语法规则的教学帮助学生理解第二语言，对学生翻译能力的培养具有积极的作用。语法翻译法的发展时间最长，并且对第二语言教学产生了深远的影响，从 19 世纪 40 年代开始，到 20 世纪 40 年代的 100 多年中，语法翻译法一直是第二语言教学的主流方法。语法翻译法对我国的外语教学也有较大的影响，时至今日，翻译教学中仍然有很多值得借鉴的方法。

（二）直接法

1．直接法的界定

直接法又称“改革法”或“自然法”，产生于 19 世纪末 20 世纪初，时间晚于语法翻译法，是一种与语法翻译法教学方向不同的第二语言教学方法。直接法语言教学是按照婴儿语言学习的过程和逻辑来组织教学工作的，通过将外语词汇与客观事物相联系，帮助语言学习者建立完整的语言词汇和表达体系。

直接法强调第二语言的交际作用，因此非常重视第二语言口语能力和交际能力的发展和培养，这一点与语法翻译法有很大的差别。直接法的这一特点解决了语法翻译法无法解决的问题，并且动摇了语法翻译法在外语教学中的霸主地位。19 世纪末欧洲学者开始对外语教学进行反思，并发起了席卷整个欧洲的外语教学改革，这一改革活动持续了将近半个世纪。在这场旷日持久的改革运动中，语言学家通过对语法翻译法的不足进行剖析，对第二语言教育和学习的新理念和新方法进行了探讨。直接法在这场改革运动中发展成熟，并形成了完整的第二套教学体系。直接法早期的代表人物是德国语言教育家菲埃托，他致力于推动外语教学改革运动，高举语言教学革新的旗帜，发表了一系列的文章，比如《语言教学必须彻底改革》等。除了菲埃托旗帜鲜明地反对语法翻译教学体系，德国教育家贝力子、法国语言教育家古安也对语法翻译教学体系进行了强有力的批判。

直接法认为语言的运用需要语感和词汇储备，思维虽然有助于语言的理解，但并不能直接帮助学习者提高语言表达与交际能力。直接法产生于人们对语言学研究取得一定成果的基础之上，学者们对欧洲主要的语种进行了深入的分析和研究，结果显示不同语种在词汇运用方面虽然有一定的相似之处，但不同语言的基本语法逻辑和表达习惯存在很大差异，因此将不同语言纳入到相同的语法体系中的做法显然是不科学的，这使得人们对语法翻译法教学的理论基础产生了怀疑。当时在语音研究领域，国际音标的出现为口语教学提供了巨大的便利，直接教学所倡导的教学方法体系应运而生。直接法认为人类在婴儿时期学习语言是人类的本能，第二语言的习得与母语的习得一样，都是通过刺激与直接反应的连接产生概念认识，并通过不同的语料将积累的语素和词汇联系起来，形成新的语言表达体系。

2．直接法的特点

直接法虽然只有 100 多年的历史，但在语言教学发展中起到的作用不可替代，这里我们对直接法的特点进行分析和总结。

（1）第二语言学习过程中要让学习者明确目的语与其所代表的客观事物之间的直接关系，在教学过程中不用母语和翻译等手段作学习中介，使得学习者有效认识目的语。

（2）直接法学习第二语言不是先进行语法知识的学习，而是通过大量的朗读、感知、模仿等学习活动，形成一定的语言习惯和语感，在语言素材积累到一定程度之后，对所掌握的语料进行分析和归纳，对其中蕴含的语言规则进行抽取，帮助学生从规则层面掌握语言。

（3）直接法教学的基础内容是口语教学，通过大量的听说练习和读写训练为学生构建语言表达体系，培养语感。这种教学方法与直接法将口语作为语言学习的主要目标有直接关系，认为先学会说话再学习书面语才是学习语言的自然方式。

（4）直接法是以句子为基本教学内容的，通过整句的学习和运用来理解其目的语的意义，构建了对语言表述的整体认识，打破了语法翻译法从孤立的语素来进行语言学习的方法。

（5）直接法以第二语言在当代的表达规律为基础，通过学习生动的语言表达方式，激发学生学习的热情。

（三）情景法

1．情景法的界定

情景法是产生于 20 世纪 20 年代的一种第二语言教育体系，是以学生的口语能力为主要培养目标的教学方法。情景法早期被称为口语法，英国语言学家、教育家帕默和霍恩比是这一理论流派的主要代表人物。

情景法主张语言学习应该注重学习情景的自然性，认为第二语言口语学习只有在自然情景中才能得到最好的锻炼。情景法的这种特性也是其名称的由来。情景法是由早期的口语法发展而来的，其理论基础是英国的结构主义。在情景法教学理论中，口语作为语言表达和交际的核心内容，也是熟悉和掌握语言结构的基础。这种观点与美国学者的结构主义理论有所不同，英国语言学家强调语言结构和规则与使用情景的契合，情景教学只是用来掌握语言结构和规则的一种途径。情景教学法的心理学基础是行为主义习惯理论，即通过培养学生的语言表达习惯，帮助学生掌握语言的使用技巧。

2．情景法的特点

（1）情景法教学强调语言运用能力，通过构建相应的应用场景，帮助学生提高听说读写四种技能，以这四种技能为基础构建学生的语言表达能力。

（2）情景法教学的起点是口语，教师通过对学生口语和表达能力的培养，为学生书面语言能力培养打下基础。

（3）情景法强调语言环境的构建，因此在课堂教学过程中一般使用第二语言教学，通过在教学情景中使用第二语言，提升学生第二语言的口语听说能力。

（4）情景法教学强调，对新的语言知识的了解和掌握需要构建新的语言情景。

（5）情景法教学要求合理选择和使用词汇，通过系统规划词汇的教学顺序，帮助学生系统学习词汇知识。

（6）情景法教学要求按照先易后难的顺序组织教学活动，尤其是教学内容涉及的语法内容要分级排列。

（7）情景法教学要求注重学生的知识储备，当学生具备一定的语言基础后，再进行读写教学。

（四）自觉对比法

1．自觉对比法的界定

自觉对比法是通过母语与第二语言在意义与语言结构方面的对比，认识第二语言，掌握第二语言的一种教学方法。自觉对比法在 20 世纪 30 年代到 50 年代比较流行，并且一度成为苏联主流的外语教学方法，东欧和蒙古受此理论的影响也比较大。我国的外语教学与自觉对比法有密切联系，中华人民共和国成立初期外语教学就以此理论为基本依据。

自觉对比法与语法翻译法有较深的理论渊源，在某种意义上是语法翻译法的发展，二者都与直接法提倡的教学理念和教学方式不同。自觉对比法非常重视德育和价值观引领，认为任何知识的教学都必须挖掘学生学习的自觉性和主动性，从而引导学生更好地学习语言知识。自觉对比法还以当时苏联的语言学和心理学理论为基础，并且提出了语言学习的三要素，即词汇、语法和语言。自觉对比法强调通过对比克服母语语法规则和表达习惯的干扰，建立第二语言语法体系和表达习惯，从而掌握第二语言。

2．自觉对比法的特点

（1）自觉对比法需要依靠母语自觉进行语言对比，找出母语与目的语的相似之处和不同之处，在教学过程中需要使用母语对目的语进行语法和语义的学习。

（2）自觉对比法非常重视语言规律与语言法规则的教育，主张通过语言规律来指导学生的语言学习活动，这种方法能够避免学生在学习过程中的盲目性，帮助学生有针对性地学习相关知识。

（3）自觉对比法需要在理解语言形式的基础上，明确其中的语言规律，然后进行模仿、练习。

（4）自觉对比法是一个从分析到综合再到应用的过程。教师运用自觉对比法教学时，要先帮助学生认识了解句子的基本结构，然后让学生掌握词汇知识，提升语言运用能力。

（5）自觉对比法作为语言翻译法的发展，虽然在教育理论上有所发展，但其不重视听说能力的教学原则并没有实质性的变化，自觉对比法与语法翻译法都有这一缺点。

自觉对比法将语言对比引入教学体系当中，并且将其作为语言教学的重要方法，同时注重对学生学习主动性的激发，在教学效果上有了较大的提升，对现代语言教学体系的发展起到了推动的作用。

（五）听说法

1．听说法的界定

听说法产生于美国，20世纪40年代开始听说法理论逐渐为人们所接受，成为一种重要的语言教学法。听说法强调通过反复的句型结构训练，不断提升学习者的听说能力，因此，在教育实践中听说法也经常被称为“句型法”或“结构法”。

听说法的理论依据是美国结构主义语言学，该理论主张通过对语言的运用（听说）来明确不同语种之间的区别，通过大量的语句练习与复述逐步形成第二语言习惯。这一理论认为语言的学习应该从说开始，通过说掌握不同语句的内容含义，然后通过大量的语句训练逐步发现其中蕴含的语言规律，形成新的语言习惯。

2．听说法的特点

（1）听说法认为，听力和口语是语言学习的重点，读写能力是听说法教学的次要内容。

（2）听说法需要经过大量的训练，通过模仿、重复进行语言记忆，从而形成语言习惯。

（3）从语言结构上来说，听说法的语言教学是以句子为基本单位进行的。句子是语言使用的基本单位，以句子为基本教学单位能够提升学生对语言应用的整体认知。

（4）听说法需要通过大量的第二语言练习来建立语言习惯，因此在教学过程中不能使用母语,尽量用直接的方式来提升学生第二语言的使用能力。

（5）听说法要求在学习中明确第二语言与母语的差异，有针对性地进行学习和提升。

（6）在听说法中，教师要合理引导学生的学习行为，帮助学生建立科学的学习习惯。

（六）视听法

1．视听法的界定

视听法是 20 世纪 50 年代在法国产生的一种理论教学流派，强调教师在特定的语言环境中通过视觉和听觉的刺激，帮助学生感知语言。视听法最早应用在法国圣克卢高等师范学院，之后逐渐得到了人们的认可，因此视听法也被称为“圣克卢法”。

视听法是在直接法和听说法的基础上，利用视听手段形成的一种外语教学法。视听法结合了这两种方法流派的优点，对提升学生的第二语言运用能力具有积极的效果。视听法是从口语教学入手，通过直接教学与反复练习，根据语言逻辑和学习特点组织教学内容。视听法的主要优势在于语言的使用与练习，脱离了语言学习的孤立性，通过对语言环境的还原和语言背景的认识，提升语言学习的整体性，帮助学生更好地理解与运用语言。

视听法的理论基础也是结构主义语言学和行为主义心理学。视听法理论认为只有掌握了一种语言的基本结构和使用规则，才算掌握了这种语言。因此，虽然视听法主张通过视觉和听觉训练学习者的听说能力，但也主张通过语言结构分析和研究来提升学习者对语言的掌握程度。视听法将视觉系统纳入到语言学习过程当中，通过视觉刺激来加深学习者印象，以大量的练习形成图像、声音的语言反射，提升学习效果。视听法能够形成一个完整的语言教学体系，并且通过多种感官刺激来提升教学效果，帮助学习者更好地认识语言结构。

2．视听法的特点

（1）视听法注重视觉感知和听觉感知的结合。利用声光电等现代技术手段来提升语言教育的效率，这种方式能够充分刺激和调动大脑的功能，相较于单一的刺激，能够更好的提升教育效果。利用图片、实物或者视频等视觉手段，帮助学习者将语言符号与实际意义联系起来，通过直接的形象联系，培养学生的语言表达能力。

（2）视听法的语言学习与教学情景的联系非常紧密。人们使用语言进行交际是在一定的场景中发生的，语言的使用和选择会受到交际场景和语言环境的影响。视听法从生活和交际中选择常见的情景进行语言教育，不仅能够训练和培养学生日常交际能力，还可以与场景进行紧密的结合来提升学生语言学习的效率。

（3）整体结构感知。视听法通过一组组图像和一段段完整的对话，使语音、语调、词汇、语法在对话中被整体感知。以语音为例，不单是要求发音正确，而且要在掌握语音整体结构（包括发音、声调、语调、节奏、旋律）的基础上，再进行个别音素的训练。词汇、语法也是通过图像所呈现的情景，先整体感知，从语段和句子开始进行教学，教学顺序是：成段对话—句子—单词—语素。

（4）视听法需进行口语教学，当学生对所说的语言有一定的记忆和认识后，进行书面教学。教材内容以日常对话为主，将听说能力放在教学的核心位置，然后进行集中学习。

（七）自觉实践法

1．自觉实践法的界定

自觉实践法产生于 20 世纪中期，其广泛运用可以追溯到 20 世纪 60 年代。自觉实践法的语言学习理念是在学习者掌握和理解一定的语法规则的基础上，通过大量的实践运用来帮助学习者巩固和深化语言成果，这一理论的主要代表人物是苏联学者别利亚耶夫。

自觉实践法的心理学基础是外语教学心理学理论。自觉实践法的理论认为目的语学习的过程就是用目的语思维的过程，只有在学习者的内部言语中运用目的语，做到用目的语思维，才能养成自动的语言使用技巧和语感，达到自觉掌握目的语的程度。

学生通过对目标语的思考和训练，形成一定的语感。只有进行大量的目标语言实践，才能在反复的使用当中形成合理的语言习惯。自觉实践是教学的出发点，使学生对一些基本的理论知识有了初步的了解，使他们了解为什么做，如何做，使他们能够自觉地做到，“熟能生巧”。

在课堂上，教师必须严格把控时间和节奏，将理论和语言规则的解释压缩到 15%，而在目标语言的实际应用中，85%的时间被用在了口语练习上。口语练习也应该是创造性的，而非重复的机械练习。

2．自觉实践法的特点

（1）自觉原则。在教学过程中，学生应自觉地掌握语法理论，了解其语义、句法的具体运用，从而达到指导口语教学的目的。可以采用“理论先行”或“事后总结”的方式。

（2）实践原则。第二语言习得的关键是大量的口语练习，20 世纪 70 年代更注重交际实践。它既是外语教学的基本目标，又是外语教学的重要手段和方法。

（3）功能、情景结合原则。在语言材料的选择与组织上，将“意念-功能”和“情景-句型”“主题”等几个方面巧妙地结合起来。

（4）口语主导原则。自觉实践法在外语学习，尤其是在小学英语学习中，以口语为学习的主导。

（5）基于语法原则。与直接法、结构法一样，把句子作为语言的单元，以句子为基础，学习词汇、语法，有助于学生的语言活动。

（6）综合原则。通过对语音、词汇、语法、修辞等的听、说、读、写多种技能的综合运用，学生的语言活动能力得到提高。该教学法也不排除在各个阶段进行一定程度的分科教学。

（7）对母语原则的思考。在课堂中尽量多地运用目标语言，以使目标语言和学生的思想相结合。在小学阶段，不排除对学生的母语的限制。翻译与对照是一种有效的教学方法，但不能把翻译当作主要的讲演工具；在口语的练习中要体现出比照的作用。

总的来说，从理论体系来看，自觉实践法实际上是直接法的一种发展，在教学方法上吸收了“文法”的优点，使得自觉实践法能够更加全面地对学生进行教育。自觉实践法的广泛运用是 20 世纪 60 年代以后苏联外语教育的一次重要改革。自觉实践法的发展与普及体现了外语教学各个理论流派的发展与融合。

（八）认知法

1. 认知法的界定

认知法还有一个名称，即认知-符号法。20 世纪 60 年代，认知法最早出现于美国，这一理论的代表人物是美国心理学家卡鲁尔。由于听说法重实践轻理论，重视语言结构的和语言规则的教育，对语言实践较为轻视，因此其在培养第二语言人才方面存在一定的缺陷。认知法通过对各种语素的认识、对语法规则的学习和读写训练来提升学习者的语言能力。认知法提倡的理念注重对语法规则的学习和认识，注重对学生基本语言能力的训练，是语法翻译法的现代发展。

认知法的语言学理论基础是乔姆斯基的转换生成语法理论。在学习外语时，必须了解语法规律，并在语法知识的指导下进行有意义的教学，注重创造性地运用认知法。

认知法是以认知心理学为理论依据的，它认为，学习是人的感知、记忆、思考和想象的过程，是由人的思维的综合作用所产生的。认知法也是由皮亚杰的产生认识论、布鲁纳的“学科建构说”和发现学习论等心理学思想所产生影响的延续。

2. 认知法的特点

（1）认知法学习强调在语言学习的过程中要充分发挥学习者的智力作用，通过强调观察、记忆、思考等方式，提升学生的语言理论水平，内化学生的语言知识体系，帮助学生更好地使用目标语言。

（2）认知法强调在掌握语法规则和语言基本理论的基础上，对学生进行语言运用能力的练习，并且提倡使用演绎法来提升教学效果。认知法虽然需要对学生进行大量的重复训练，但是反对机械性的模仿，学生应该在深刻认识和理解练习内容的语法规则和表达逻辑的基础上，进行针对性的训练，从而有效提高语言能力。

（3）认知法强调以学生为中心，非常注重学生学习兴趣的培养和维持，通过激发学生语言学习的主动性来提升学习效果。此外，认知法鼓励使用多样化的教学方法，来提升教学的趣味性。

（4）听说读写都是语言学习的重要内容，认知法重视语言理论的教育，同时对其他教学项目也非常重视，目的是培养学生第二语言的综合能力。

（5）认知法引导学习者将第二语言与母语进行适当的对比，帮助学习者更好地认识和理解两种语言中不同的语言现象和语言习惯，从而帮助学习者更好地学习和使用目的语。

（6）要正确认识学习者在语言学习过程中出现的各种错误，对这些错误进行分析和归类，找到原因，并针对性地采取措施，纠正学习者的错误，避免学习者陷入语言学习的困境，保持其语言学习的信心。

认知法的教学过程一般是从认识语言材料以及这些材料中蕴含的语言规则开始的，围绕语言材料中蕴含的语法规则进行大量的练习，然后脱离语言材料，运用已经学会的词汇知识组织新的语言，提高学生的语言运用能力。

认知法运用了现代心理研究中的一个主要流派——认知心理学派的理论。它最突出的成果是从心理层面来探讨第二语言的教学，着重于学生学习的进程，注重学生的理解和有意义的练习，倡导以学生为本。它极大地拓展了外语教育的理论和方法，并将其推向更加科学化的方向。

作为与听说法相对立的认知法，它反对听说法强调口语和机械训练，但同时也采用了听说和比较两种方式。它在承袭了传统的翻译方法的基础上，强调对知识的自觉把握，但又不过分强调对母语和翻译的依赖，不重视口语和听力等方面的不足，从各种教法学派中汲取有用的元素，并淘汰无用的内容。

此外，认知法的产生并未代替听说法。对认知和听说两种方法进行比较，得出的结论不尽相同。我国的认知法起步较晚，尚处于发展阶段，其教法制度尚需不断改进。

二、人本派与功能派的教学法

二十世纪六七十年代随着语言教育理论的发展，学界对第二语言教学的研究进入了空前活跃的时期，各种语言教育流派都有了一定的发展，并且呈现出百花齐放的局面。20 世纪 70 年代产生的功能学派，对现代外语教学产生了深远的影响，并成为至今为止应用范围最为广泛的一种外语教学理论流派。

（一）团体语言学习法

1. 团体语言学习法的界定

团体语言学习法是20世纪60年代美国学者提出的，这一理论派系的代表人物是美国心理学家柯伦。

团体语言学习法是一种采用团队讨论的形式，将学生和教师视为辅助的学习方式。团体语言学习理论指出，对学生的激励—响应的行为主义和认识心理，无法对学生的学习问题做出合理的解释。关键是要注意学习中学生的情绪，要构建教师与学生之间的相互信任、相互支持的创新联系，才能使学生培养出积极的心态。

团体语言学习是以人文科学的心理学为理论依据的，它注重整体的学习观，把人的学习看作是一个全面的人的学习，它是一个综合的学习，不但要使学生接受知识，培养能力，还要兼顾学生的认识和感情需求，这二者必须相互配合。因此，老师既要认识“学生”，又要认识“人”，重视人的内在潜力，充分挖掘人的创造性。

2. 团体语言学习法的特点

团体语言学习法是一种比较典型的体现人本教学原则的方法体系，这一理论最大的特点是打破了以教师为中心的教学模式，在教学过程中充分发挥学生的主体作用。团体语言教学法以学生为教学主体的基本理念，体现了人的主观意识对学习的重要性，通过对学生主体性的尊重，构建积极、和谐的语言学习氛围。在团体语言学习法中，学生的主动性被激发，学习和理解的过程转变为探索和提升的过程，提升语言学习的有效性。团体语言学习强调学习者之间的相互帮助和共同探讨，希望能够通过探索式的学习方式，提升学习效率，提高学生的语言能力。

虽然团体语言法充分激发了学生学习的积极性和主动性，极大地提升了第二语言学习的效率，但这种方法也存在一些不足之处：第一，教师的指导作用没有得到充分的发挥，在教学初期学生自己探索的难度大，且方向容易出现偏差，影响语言教学的效率；第二，教学内容根据学生的讨论决定，由于学生对语言教学的整体认识不足，因此内容设计上存在不足。团体语言学习法实际上是通过集体交流和练习进行语言学习的一种方法，没有传统意义上的教学大纲，也没有成熟的教学内容体系，这种教学方法是否能够持续推动学科发展还有待商榷。

团体语言学习法虽然主要依靠学生自己完成整个学习过程，但教师在整个学习过程中发挥的作用不容忽视。首先教师必须具备较高的专业水平和教学水平，在不影响学生自主学习过程的情况下，根据学生学习内容的特点和需求合理引导学习过程，这对教师的教学水平和专业能力提出了更高的要求。其次，团体语言学习虽然在学习过程中以大量的语言材料分析和口语练习为主要内容，但语言表达规律和句子结构的精进，需要以语法学习为基础，因此教师必须根据学生自主制定的学习内容，将语法教学融入其中，这对教师的综合能力提出了很高的要求。

综上所述，进行团体语言学习，充分发挥团体语言学习法的积极作用，需要教师和学生的共同努力才能实现。

（二）默教法

1. 默教法的界定

默教法起源于20世纪60年代，这一理论学派是美国学者最先提出的，作为一种第二语言教学方法理论，对第二语言教育的发展起到了积极的作用。默教法强调在教学过程中减少教师的语言表达，鼓励学生通过各种语言分析和交流活动提升第二语言能力。

默教法的理论基础是美国学者布鲁纳的“发现学习”教育理论。这一理论认为学习是一个开放性过程，同时也是发现问题和解决问题的发展性活动，因此学生要在学习活动中发挥积极性和主动性。学生的自主学习意识、自主学习能力和责任心对其主体作用的发展具有重要的意义，因此教师要引导学生形成独立学习的意识和能力。默教法从儿童的母语学习中吸取了很多有益的经验，但是由于第二语言的习得与母语学习存在很大的差别，因此虽然要从母语学习中吸取经验，但不能完全模仿，否则将无法起到作用。在第二语言的学习过程中虽然要注意语言学习环境的搭建与模拟，争取在自然的语言环境下发展学习者的语言能力，但科学的引导与控制也是不可缺少的。

所谓“人为的方法”需要学习者通过运用沉默的意识和积极的试验，对语言习得做自我投入。沉默被认为是最好的学习方式：通过沉默而非反复的练习，学生可以专注于所要做的事情。默教法不但需要老师保持沉默，并且学生需要有沉默学习的时间和空间。沉默能唤起人们的知觉，是一种让人记住的好办法。此外，默教法还注重对学生进行听力和口语的训练，将单词的构成分成若干个部分来教授，按照语法项目和重点词汇来安排课程，语法项目又按其复杂性来安排顺序等。

2．默教法的特点

（1）以学生为教学工作的主体，学生的自主学习比教师的课堂教学作用更大，教师的课堂教学要以辅助学生自主学习为基本目的。教师在这个过程中要改变传统理念下教师在教学工作中的角色定位，对学生提出的问题要通过合理的引导帮助学生自主寻找答案，并为学生自主学习和探索的过程提供保障。

（2）默教法最大的特点是教师在教学过程中会保持一定程度的沉默，通过在课堂上引导学生参与课堂活动、模拟语言情景，提高学生语言应用的能力。在这个过程中，教师要尽量少说话，让学生自主探索语言交流和表达的乐趣。

（3）在语言教学活动中可以利用教学道具提升课程的趣味性，吸引学生的注意力。常见的教学道具包括：实物教具、彩色挂图、视频资源、音频资源等。

（4）一般情况下，采用默教法的教师在教学过程中不会对学生的错误进行直接的指导，而是通过细致的观察和分析，找到错误出现的原因，引导学生自主解决问题。

（5）默教法非常重视学生之间的交流和互动，学生之间通过合作发现彼此在语言表达上的问题，然后相互纠正。这种方法充分发挥了学生在教学中的主体作用，提升了学生的语言学习效果，对第二语言表达能力的提升具有积极的作用。

（6）默教法以口语教学为切入点，以句子教学为基础，在学生听说能力培养的基础上，发展学生的读写能力。

（7）词汇是默教法的重要内容，学生通过词语的分类，合理安排词汇学习的顺序。

（三）全身反应法

1．全身反应法的界定

全身反应法（Total Physical Response，TPR）于 20 世纪 60 年代初期由美国心理学家阿舍尔提出，70 年代这一理论为人们所接受，成为一种重要的外语教学方法。全身反应法对语言学习的协调性比较重视，强调使用身体动作进行第二语言的教学，这种方法在美国移民群体的英语教育中应用比较广泛，并且取得了一定的效果。

全身反应法的基本依据是语言习得理论。人类出生后，在学会使用语言之前很长的一段时间无法听懂成人讲话，这一阶段婴儿不发声，只听成年人讲话，但是会对成年人的动作指令做出反应。到一定阶段之后，幼儿做好了开口说话的准备，从而开始使用爸爸、妈妈等简单词语，至于语言的读写一般需要等到 4~5 年之后。语言学家对婴儿这种语言学习方式进行了研究，认为这种以动作指令开始的语言学习符合人类习得语言的本能，对第二语言的习得具有一定的启发作用，因此，语言学家从中总结相关的经验，得出了全身反应法。

其实比阿舍尔早半个世纪，帕默就在他的著作《通过动作学英语》中对动作教学在语言中的作用进行了深入的分析，并认为在语言学习的第一个阶段让学生执行教师的动作指令能够更有效地学习。在这一思路下，先后出现了“通过听来学”“口语练习延迟法”等类似的语言学习观点，全身反应法是其中代表性最强的一种理论流派。

2．全身反应法的特点

（1）全身反应法的教学目标是培养学生口语表达能力，帮助学生理解语言的内涵，夯实学生的语言理解能力。在教学过程中首先通过大量的听力练习，逐步帮助学生掌握第二语言表达的节奏，然后转入说的过程。这样做的好处是能够减轻学生的学习压力，为学生的语言学习打下坚实的听力基础，在这一基础上发展学生其他的语言能力。

（2）通过动作指令帮助学生更好地认识和了解语言的内涵，能提升学生语言含义的整体把握，从而更好的帮助学生学习语言。

（3）当学生进行了大量的听力训练，有使用目的语表达和交流的意愿时，开始引导学生进行语言表达训练，其内容也主要以使用祈使句发布各种行为指令为主。

（4）教师在使用全身反应法进行语言教学的过程中，要帮助学生减轻在学习中的心理压力，使学生能减轻语言学习的焦虑。在学习的初始阶段要放松对学生的要求，尤其是在语言运用的语法规范方面，以此营造轻松、愉快的学习环境，激发学生的表达欲望，提升学习效果。

（四）暗示法

1．暗示法的界定

暗示法是从现代心理学与生物学研究中衍生出来的，主要的代表人物是保加利亚心理学家洛扎诺夫。暗示法主张通过暗示对人生理潜能和智力潜能进行开发，从而为语言的学习提供最佳的内部条件，尤其重视对学习者语言潜能的激发，以此来提升语言学习的效率。

暗示法的理论基础是心理学和生理学。所谓暗示是指建议或诱导，按洛扎诺夫的解释，它在人们意识领域并更多地在各种超意识（即或多或少不自觉的心理活动，意识范围以外的东西包括无意识的创造、直觉、灵感等）层面上发挥作用，体现为来自外部或个体内部的意识——超意识的刺激，以激发人的潜力，实现超过平常能力许多倍的超常记忆和超常创造性等，这种暗示常常用来解除一些已有的社会暗示对人的心理的束缚。

2. 暗示法的特点

（1）教师在语言学习的过程中要保证语言学习环境的舒适性，为语言的学习创造良好的外部条件和气氛。可以播放音乐和伴奏，使学习者的精神和身体得到放松，让其大脑处于最佳的状态。这种做法能够消除学习过程中的紧张感，让学习者保持放松的心态，性情舒畅的投入到学习当中。此外，舒适轻松的环境能够更好地激发学习者的想象力和记忆力，提高语言学习的效率。

（2）不仅要调动学习者有意识的活动，而且要通过各种暗示手段和学生的愉快轻松的心情，充分发挥无意识活动的作用，做到有意识和无意识活动协调发展，以挖掘学习者的学习潜力。在教学过程中，应把学习者的主要注意力引向有意义的、令人愉快的整个句子及其交际意义和功能之中，而对无意义的构成成分（如语音、词汇、语法等）则在第二个层面上通过无意识学习活动与整体同时吸收，不要加以过多的注意和令人乏味的机械操练。

（3）通过教师和教学材料的权威化以及学习者的稚化，学生建立高度自信心，大胆运用目的语。教师应对学习者多表扬、肯定，少纠正错误（错误由教师正面示范，让学习者自己改正），没有强制性的课外作业，更不要给学习者考试的压力，以免造成其紧张的心理。

（4）在消除学习者的心理障碍、充分发挥其潜力的情况下，扩大语言材料的输入量。暗示法教学大纲所规定的语言材料比一般第二语言教学法要多出好几倍。基础语法从第一课开始就提供给学生，避免把学生限制在几个词和几个句型的范围内进行交际。

（五）自然法

1. 自然法的界定

自然法是 20 世纪 70 年代后期产生于美国的新教学法，其倡导者是美国加州大学西班牙语副教授特雷尔和美国语言教育家克拉申。这里所说的自然法中的“自然”是学习外语的一种自然法则。自然法是基于对自然环境下的语言习得和二语习得的观测和调查结果，在非自然情况下（也就是教室）应尽可能多地向学生输入语言，并且要最大程度地保证学生在学习过程中对相关知识的理解和学习。特雷尔和克拉申所倡导的“自然法”，与20世纪初期“自然法”的“直接法”有着异曲同工之妙，但是，在具体的操作上二者之间还是有不少区别的。直接教学法注重对孩子语言学习过程的模拟，强调在大量的练习中找到契合的学习机会，并且强调语言使用的精准性；而自然法则是注重可读性的信息，注重交流，注重从语言的应用过程中，找到合适的学习契机。

自然法则是以克拉申关于“输入”的五大假设为理论依据的。自然法主张，以培养学生运用语言进行高效交流的能力为主，对于语言运用中的语法规则不做严格的要求。在英语教学过程中，学生的语言应用并不完美，会在上下文中出现一定的语法上的失误，但不会给学生带来很大的交流障碍。自然法认为单词是语言学习的基础，语法是辅助学生更好认识和理解语言的工具。

2．自然法的特点

（1）自然法是以学习者交际能力培养为目标的，无论是口语交际能力还是书面交际能力都是自然法强调的重要语言能力，在教学过程中要二者并重。

（2）自然法强调对语言的理解，因此教师在教学活动中要重视对学生语言理解能力的培养，比如通过听力练习和词汇学习帮助学生建立基本的语言理解体系。

（3）强调自然习得。教师要在课堂教学中最大程度地为学生使用第二语言交流提供机会，通过小组讨论或者情景模拟开展教学活动，为学生创造语言交流和学习的机会。

（4）在自然法中，教师对学生在口语表达中不影响语言含义表达的错误不进行纠正，但对在书面作业中出现的错误要进行纠正和说明。

（5）在教学过程中，教师要保证学习氛围的轻松，让语言学习者更好的参与到教学活动当中。

第三章　汉语教学中的认知语言学理论

第一节　认知语言学理论与方法研究

一、认知语言学的理论

认知语言学是坚持体验哲学观，以自身经验和认知为出发点，以概念结构和意义研究为中心，着力寻求语言事实背后的认知方式，并通过认知方式和知识结构等对语言做出统一解释的、新兴的、跨领域的学科。关于认知语言学，需要厘清以下内容：

第一，体验认知。认知语言学强调了语言的体验性和人本性。语言是人类在认识世界的过程中产生的，作为一种认识活动，是人类认识和理解世界的成果。人类语言系统的发展是伴随着人类社会的发展和人类思维的进步产生的，因此人类语言的发展与人类的认识水平有紧密的联系。从这个角度来说，语言并不是孤立存在的，而是作为一种社会认知体系存在于人类整体的认知能力系统之中的符号交流系统。人们先有了认知，才使用语言表达自己的意思和意图。认知是解释语言现象的关键和基础，人类的认知水平通过语言得以体现，人的认知通过语言外化。

第二，意义中心。认知语言学是以意义为中心的语言学，因为心智、认知是与概念结构、意义密切相关的，概念结构和意义自然成为认知语言学的主要研究对象。

第三，认知方式。人们必须依靠有规则的认知方式和有组织的词语，探寻心智表征的规律。认知方式，也被称为认知策略，从内容上来说包括体验、概念化、认知模式、识解、激活、关联等。这些内容为人类的认知提供了丰富的方法，对人类认识世界具有重要的意义。语言差异的主要原因是认知差异和概念结构差异所致。看待同一事件，若从不同视角，以不同的态度，采取不同的认知方式，就会凸显事件的不同成分，从而形成不同的句式，这样就对选用不同句型表述同一事件做出了合理的解释。

第四，知识结构。认知语言学作为一个与人类认知能力紧密联系的认识体系，不仅与人类的思维能力紧密相关，而且与社会物质水平的发展、人的生理构造以及社会文明成果紧密相关。对语言的理解和认识要尊重语言规律，尊重语言发展的社会环境和历史背景。

（一）认知语言学的哲学理论基础

从哲学的角度来看，认知语言学的理论基础是体验哲学的经验主义。该理论从整体上对语言学进行了综合性概括，并从广泛趋同的角度对语言学的相关认识进行了说明。此外在研究语言学的哲学理论基础时，要配合经验心智主义与连通论等学科理论进行分析。

“经验是由人的身体构造以及与外部世界互动的基本感觉——运动经验和在此基础上形成的有意义的范畴结构和意象图式，包括个人或社会集团所有构成事实上或潜在的经验的感知、动觉以及人与物质环境和社会环境的相互作用的方式等”①。经验主义认知的基本主张和观点是我们认识经验主义，以及利用经验主义对认知语言学进行认知和论证的基础，这里对其进行分析和介绍。

第一，经验主义认为思维是一种依赖于形体而存在的意识活动。人类的认知结构的形成与人自身的社会经验有密切的关系，人的感知、物质条件以及个人经历等因素对认知结构的形成发挥着重要的作用。

第二，思维是一种与想象有直接关系的意识活动。从间接概念的角度来说，思维是一种通过隐喻、转喻等方式对相关内容进行转化，并在此基础上表示超越表象认知的逻辑性意识活动。

第三，语言作为一种用来进行沟通和表达的符号系统，虽然是客观世界的反映，但语言符号并不是与客观物质世界相对应的，而是与在认识客观世界中形成的概念相对应的，这也解释了为什么人类在发展的过程中形成了各种语言。

第四，概念结构和认知模式具有完形性。完形性在人的记忆生成和知识习得中发挥着重要的作用，因为新知识的获取或者新记忆的形成不是通过机械的符号运算系统实现的，而是通过概念和认识模型的完形性实现的。

经验主义承认客观存在的客观性和现实性，但是其认为人们对客观世界的认识不是来自于外在实体的对应，而是通过对客观世界的认识经验形成新的认识。这里我们所说的经验包括个人或社会集团所有构成事实上或潜在的经验的感知、动觉，以及人与物质环境、社会环境的相互作用的方

---

① 张永昱．认知语言学视域下的汉语研究和习得[M]．上海：复旦大学出版社，2016．

式等。经验主义强调经验在人们解决问题的过程中所发挥的作用，同时也强调认知对经验具有能动的组织作用。

（二）认知语言学的心理学理论基础

从心理学的角度来说，认知语言学的理论基础是基于体验性的心智主义和建构主义。认知心理学是对语言研究具有重要影响的一种心理学理论，起源于维果斯基和皮亚杰的相关理论。从认知心理学的发展来看，维果斯基的“社会历史文化”理论和皮亚杰的“互动”理论，是认知心理学兴起的理论源头，这两种理论不仅为认知心理学的兴起奠定了基础，也为其发展奠定了基础。

维果斯基创立的“社会历史文化”理论的主要目的是对人不同层次的心理机能进行认识和研究。根据这一理论，人在发展过程中不同的发展阶段形成了低级与高级两个不同层次的心理机能。低级心理机能是指人在发展过程中能够通过感知系统获得的心理体验，比如感知觉、注意、记忆等基本认知能力。高级心理机能是指以基本认识和客观规律为认知手段，通过推理和思考形成的心理机能，比如语言、知识等。人的心理机能的基本发展过程是由低级向高级逐步转化的。

皮亚杰的理论对认知心理学的发展起到了非常重要的作用，为认知心理学的发展奠定了产生的基础。在认知心理学的基础上，认知语言学得以发展，促进了语言研究和发展的进步。皮亚杰的“互动”理论认为：认识的来源是主客观要素之间的相互作用，认识结构的形成并不是固定的，而是随着社会条件的变化和发展逐渐变化的，人类的智力水平也随着认知结构的完善逐渐发展。互动理论认为人的智力发展与其他的生理功能系统一样，都是在人类发展的过程中不断发展和进化的，因此皮亚杰认为智力的发展取决于生理（神经系统）和环境（物理和社会环境）的“互动”。

二、认知语言学的方法研究

认知语言学的方法能够为语言学习提供更多的思路，可以应用于语言背景研究、完善研究过程、科学认识与评价语言特征等方面。认知语言学理论倡导以多元化的手段和方式对语言现象进行研究，因此在进行语言学研究的过程中，我们要根据不同的研究对象和研究目的，选择多样化的研究手段，从不同的角度开展研究活动。

（一）认知语言学方法研究的目的

第一，提供研究方法的权威参考。对目前主要的语言研究方法的起源、特点、适用情境等基本要素进行分析和研究，结合具体的案例进行说明，从而明确不同研究方法在不同语言研究中发挥的作用，为语言研究提供方法经验的借鉴。

第二，验证理论成果。对不同研究方法和相关理论的分析和验证，能够让我们更加深刻地认识与理解相关理论成果，从而提高我们对这些理论的认识水平和运用能力。

第三，创新研究方法。对相关研究方法的系统对比和分析，能够更加精准地帮助我国学者对汉语进行研究，尤其是在语料、语法等领域的研究中能够丰富研究方法，促进学者产出更加优秀的研究成果。

第四，拓展方法论视野。汉语中的研究方法其实具有多个层次的含义，这里我们从宏观角度进行分析和说明。在宏观层面上语言研究的方法也叫路径，从哲学层次来说，不同种类的语言逻辑和语言规律往往和语言产生与发展的哲学基础有着密切的联系，这也导致了语言研究方法的差异。在特定的研究路径下，面对不同的研究对象，学者们会选择与研究目标最为契合的研究方式和技术手段，从而拓展研究视野，并保证语言研究成果的客观性与科学性。

（二）认知语言学方法研究的内容

1．内省法

内省是指在语言的认识过程中，人们自觉地关注那些突出的部分。在认知语言学诞生之时，为建构这一流派的基本理论架构，其基本采取内省思维方式，通过观察、内省、分析和推理等手段来理解语言的规律。内省法的研究可以追溯到希腊时代，伟大的思想家柏拉图认为认知能力是人与生俱来的，人可以通过内省法来进行逻辑性的推论，通过演绎来了解这个世界。然而，在语言学习中，内省法存在着先天的缺陷。首先，对现有的研究资料进行分析，这种方法在逻辑学上是推论式的，但是它的主观性太高。其次，各试验对象用内省法得到的试验结论只能用于对具体的试验进行说明，而没有一般的解释性。最后，人们的一些认识能力是不可能被感官的体验所察觉的。

2．语料库法

语料库法是一种以文字形式进行语言描述的工具，其目的是对文字中的片断进行记载。所以，语料库的优点是能够为研究者提供丰富的文字资料。从实质上来讲，语料库法是一种对某种特定的语言现象进行检验的方法，可以充分利用其庞大的信息资源储备，以及现代计算机快速的搜索能力。近几年，语料库法已被大量地运用于认知隐喻理论、构式理论和词汇意义理论的研究，为许多理论假定的实证研究奠定了坚实的基础。

语料库方法的优势主要体现在以下四个层面：

第一，语料能够在一定程度上反应特定的语言现象，并由此揭示出在人的语言认识中所存在的非自觉现象，这些非自觉现象通过内省法是难以发现的。

第二，对语料库的分析和研究，能够使研究者充分了解和认识语言的发展历史和演变过程，从而建设对语言的认识和理解。

第三，语料库中的频率统计可以帮助研究者找出与某个词汇同时出现的词汇，通过对比和关联研究，对这些词汇进行整体的认识，提高语言学习的效率。

第四，语料学有助于研究者找出与特定词语（表达）有相似含义的词语。这种方式可以像字典一样，建立起一组关于特定情况的表达式，提高人们对语言规则的认识和理解。

语料库法也有其局限性，主要体现在以下三个方面：

第一，研究者所选择搜索的关键字会对搜索效果产生一定的影响，从而对研究结果产生影响。

第二，语料本身的完备性和客观性，对研究结果也会发生一定的作用。由于现实生活中存在的一些语言现象，在语料库中无法找到对应的资料，这与语料的不足有关。与此同时，语料作为一种抽象化、标准化的语言，在现实生活情境中会与口语表达有所出入，这一点是语料库很难避免的。究其根源，是因为语料库中所包含的句子，有一些是由于作者删去了部分词组而形成的一种简单的句子，追求句子的普遍适用性，因此会与实际的语言运用有所差别。

第三，语料无法为研究者提供直观的结论，而对语料所进行的分析仍然具有较强的主观色彩。

3．多模态分析法

多模态分析是在手语与体势语的认知层面上进行的，同时也是从真实的世界中寻求材料，利用对方的话语或体势语来探究人们的认识活动，从而获得全新研究角度的一种方法。与语料库法相比，多模态分析法可以把说话的每个细节都记录下来，比如说话人的语气、表情等。手语与口头语言一样，是一种有体系的表达方式，它们在认识和表达逻辑上有着很多共同点。通过对比分析，对手语与体势的研究，可以为认知语言学的发展提供一个新的思路。

体势语实际上也是一种比喻。总体来说，在做好的事情或动作时，人们会以一个积极的、向上的姿势来表现，从而表达出内心美好的情绪；而在做不好的事情或动作时，则会以一个向下的姿势来表示，从而表达出内心的消极与负面情绪。体势语的这些特点与语言中所包含的一些概括性的比喻是相符的。另外，在抽象的表述中用右上的姿势表示，而在特定的意义的表述上则用左边的姿势来表示，这与语言中所包含的一些概念和表达规律是一致的。

多模态分析法具有以下特点：

第一，能够对被视为中等或较低程度的语音信号进行分析，例如语音动态、姿态、体势等。

第二，通过在线记录还能捕捉到某些难以被直接获取的细节信息，并根据影像和记录来判定话语的文法，提高语言分析的精度。

第三，能够对语言的某些综合要素深刻地认识和剖析，这是由于它们共同促进了话语表达的生成。多模态分析的最大缺陷是它本身无法确定哪些模式或组成模式是研究者应当注意的问题，因此常常要求研究者采取其他的方式来进行验证和探讨，并且不同验证方式产生的结果会有一定的差别，这使得语言研究过程更加复杂。

4. 心理实验法

心理实验法也被称为“行为研究法”，它是在特定的环境下，对受试者进行特定的激励或者让受试者从事一项工作，然后再观察受试者对该激励的响应或在某一特定的环境中的表现，从而推测出该过程所包含的各种认识机理和程序。最近几年，在认知语言学领域，人们开始使用心理学试验的方法进行语言现象的分析和研究。比如，研究者把这个理论运用到了对隐喻的认识当中，因此在固有语言对应体系的框架下，在一个更容易被接受的体系中，不需要再经过文字的转换，就可以进行隐喻现象的相关研究。对于陌生的隐喻方式来说，必须借助隐喻的字面意义作为中介来进行语义的认识和理解，才能完成整个认识过程。

心理实验法的最大优势就是能够观测到某些细微的认识活动，提高语言认识和研究的精确性。例如，能够准确地测定出一毫米的感知处理的时间。此外，我们还可以人工调控某些变数，考察在可控变数下人类对言语的反应的认识机理。

5. 脑神经实验法

脑神经实验法是利用某些仪器来观测与特定言语机理有关的脑神经细胞或脑区域的活动。近年来，人们利用事件相关电位（Event-related Potential，ERP），正电子放射型计算机断层显像（Positron Emission Computed Tomography，PET）等技术进行了大量的语言和认知活动，为人们认识与语言相关的大脑区域提供了许多新的信息。

通过脑神经学的研究方法，语言学者可以从过去单纯的自省推理，发展到如今的认知语言学研究，不仅可以验证一种理论假定的心理学真实性，也可以验证它的神经现实。从 ERP 的电生理学试验中可以看到，由认知语言学学者所提出的“结构语义”是一种在神经系统水平上的客观的认识。另外，有关的神经学方法也证实了对比喻的认知过程。由此，神经学理论为语言学界所提的“脑－脑－语言”提供了一个更为完善和可靠的认识体系。因此，在语言的人工智能研究中，神经科学将成为今后的一个主要研究方向。

第二节　基于认知语言学的汉语重叠词

一、汉语重叠词及其分类

汉语表达中叠词的应用具有非常长的历史，最早可以追溯到《诗经》，古时人们称叠词为“迭字”或“重言”。在汉语中，重叠词语的定义是将某个语素或词语进行完全或局部地重复，即反复出现某一个“基式”并生成“重叠式”的一种程序方法。

可以从多个视角来区分重叠的形式，比如：基语的词性、重叠的完整性等等。这里我们将汉语重叠词语归类为词类，汉语重叠词语的研究多以下列重叠词语为重点：

（一）名词重叠

名词重叠主要分为 AA 式、ABB 式、AAB 式、AABB 式四种类型。

AA 式名词的重叠指的是将单一的单词叠加在一起，比如“天天”“年年”“妈妈”“星星”等，这与单词的重合有异曲同工之妙，这种重合是在构词学上的一种重合，比如“家”，重叠后就是“家家”。

ABB 式和 AAB 式都是局部重叠，其基本结构为双音动词。ABB 式和 AAB 式的名词，其基本形式与重叠形式差别不大。比如，“山沟沟”“洋娃娃”“布兜兜”“佼佼者”“哈哈镜”“嘟嘟唇”等，他们的基本形式都是用“A”来表示 B，“布”用来表示“兜”，用“嘟”来表示“唇”。

AABB 式名词的重叠相对于前面三种类型的名词更受重视。AABB 式复合词语按其意义分为三种类型：①A 与 B 是同义词，如“点点滴滴”“村村寨寨”；②A 与 B 为对立面，如“朝朝暮暮”“是是非非”；③A 与 B 属于同一个意义范畴的词组，如“风风雨雨”“花花草草”。

（二）动词重叠

与名词重叠比较，动词重叠的方式比较复杂，有 AA 式、A 了 A 式、A 一 A 式、AAB 式、ABAB 式、AABB 式六种。

AA 式，A 了 A 式，A 一 A 式，这三种类型都是单音节动词的重合，比如 AA 式（看看、试试）、A 了 A 式（想了想、嗅了嗅）、A 一 A 式（等一等，问一问）。在英语口语中，AA 式是最常用的一个。

AAB 式，AABB 式，ABAB 式，这三种类型都是双字节式，比如 AAB 式（聊聊天、挥挥手）、AABB 式（走走停停）、ABAB 式（讨论讨论、分析分析）。一些 AABB 式的动词具有“去动词化”的特点，具有一种抽象的比喻含义，ABAB 式的动词则没有这样的特点。

（三）形容词重叠

形容词的重叠形态多种多样，有 AA 式（偏偏）、AABB 式（轰轰烈烈）、ABAB 式（热闹热闹）、AABC 式（欣欣向荣）等。这里着重讨论了 AABB 式、ABAB 式、AABC 式三种类型。

AABB 式和 ABAB 式。AABB 式的动词可以分成 AB 的重叠，即“慌慌张张”为“慌张”的重叠；另外一种是 AA+BB 的重叠，比如，“郁郁”加了“苍苍”就是“郁郁苍苍”。两个字节的形式在以 ABAB 形式叠加以后，就增加了一个“使”的含义，这是形容词的动词形式。

AABC 式。AABC 式形容词中 AA 的重叠可以对后面的动词 BC 加以修饰或限制。AABC 式形容词能描述人或物的状况和特征，也能描述大自然景色，如“毛毛细雨”“涓涓细流”。

（四）量词重叠

量词重叠表示更多的数量，如花朵——鲜花朵朵、喷呐声——喷呐声声等，重叠后的词语都表示比非重叠词更多的数量。又如篇篇文章、句句话语等，重叠后都表示“所有”的意义。

二、概念隐喻理论与汉语重叠词

探讨基于概念隐喻学原理的重叠词汇意义产生的认识机理，分为结构隐喻、方位隐喻、本体隐喻以及汉语重叠词语的意义研究三大类。概念性的比喻可以用“A 是 B”来表示，所以在这里我们将运用“A 是 B”的方程式来探讨其意义改变的比喻机理。

（一）结构隐喻与汉语重叠词的语义

在结构上，结构中本体与喻体这两种不同的概念之间存在着相同的关系，而起始区域则可以给对象领域更多的体验性知识，从而使人类通过该领域来了解对象领域。

例如，“老孙头笑眯左眼说道：‘早调查好了。在你家吃三年劳金，你家的事，根根梢梢，咱都知道。’”（《暴风骤雨》）“根根梢梢”的重叠一个是“开始和结束的过程”，一个是“细枝末节”，概念区 A 是“开始和结束”，概念区 B 是 “树根和树冠”。“根根梢梢”是指树木的根部和顶端，后来又被用来比喻事情的起因和结果。根系与枝叶是普遍存在于自然的东西，而“事情的开始与结束”则是一种看不见摸不着的抽象观念。由此，在概念区 A 的定义范围内，“开始与结束”是一个目的区域，概念区 B 的“树根与树梢”是起始区域，以“认识”为出发点，将“起始区域”的特定特性映射到“目的区域 A”的“开始与结束”，以对“由始至终”的“由树至枝”的理解为起点，以“由根至顶”为整体，将整个过程的前前后后进行了具体的描述，“事件的始末和细节是根梢”的概念隐喻映射见表 3-1。

表 3-1　“事件的始末和细节是根梢”的概念隐喻映射

始源域为：树根与树梢	映射	目标域为：事件的始末与细节
整棵的大树	→	整体事件
树根	→	事件的开始
树梢	→	事件的结束

又如，“经历了无数风风雨雨，就这样一声不响地离开了。”（黄庆云《波浪》）“风风雨雨”是一个由“风吹雨打”构成的叠加词语，一个是“艰难困苦”，一个是“风雨”。“风风雨雨”用于表示天气条件比较复杂，后来则是用来表示困难的局面和处境。“刮风下雨”作为一种日常气象情况的语言表现，这种现象有具体的物质表现方式，而“艰难困苦”则是一种抽象的观念，没有物质表现方式。这样，“艰难困苦”的概念领域就成为了“目的领域”，而 B 的“风雨”则成为了“初始领域”。在合理认识和推断的基础上，将始源区域内的一些特性映射到了对象领域，从而使人对“艰难困苦”的认识建立在“风雨”的了解上。“艰难困苦是风雨”的概念隐喻映射见表 3-2。

表 3-2　“艰难困苦是风雨”的概念隐喻映射

始源域为：风雨	映射	目标域为：艰难且困苦
恶劣的天气状况	→	艰难的处境
风雨来临	→	种种困难的开始
风雨终止	→	种种困难的结束

（二）方位隐喻与汉语重叠词的语义

方位隐喻以方向为基础，尝试构造一套概念隐喻。在与客观现实的交互作用中，首先要学会“时空”这个词，而“方位”则是“认知”的基础。某些看不见的抽象概念经常被特定的时空或方向概念所充分地阐释。

例如，“后来又是打点甚么总管咧，甚么大叔咧……前前后后，化上了二万多，连着那一笔贄见，已经三万开外了。”（吴趼人《二十年目睹之怪现状》）在这个例子中，“前前后后”的重叠表示了一个“整个事件发生的整个过程和其发生的因果关系”，概念区 A 表示“整个事件发生的整个过程及其因果关系”，而概念区 B 则是指“前”与“后”。“前”“后”是指方位的名词，它们都是在我们的日常活动中所使用的熟悉概念，所以概念区 B 的“前”“后”都是始源域；“整个事件及其因果关系”是“对象领域”。“前”“后”是由身体与外界的接触而产生的一种空间观念，在“前前后后”的重叠中，将“前”“后”的意义运用于“前前后后”，也就是从“前”“后”两个方面了解对象领域“发生的整个过程及其因果关系”，也就是事物发生前后的情况。从“前”到目的区域，就是事物的开端，也就是事件发生的前部和起因；“后”是指在始源域中与目的区域对应的位置，相当于事件的后半部分，也就是事件的结尾和结局。“事件的全过程以及它的前因后果是前后”的隐喻映射见表 3-3。

表 3-3 “事情的全过程以及它的前因后果是前后”的概念隐喻映射

始源域为：前一后	映射	目标域为：事件的全过程以及它的前因后果
前	→	事情全过程的前半段以及原因
后	→	事情全过程的后半段以及结果

又如，“她心地慈祥，口里唠叨，知悉曾家事最多，有话就说，曾家上上下下都有些惹他不起。”（曹禺《北京人》）。在这个例子中，“上上下下”的重叠表示“全体成员”。这个句子的“上”“下”是指方位的，“上”表示“在上面”，“下”表示“在下面”，这两个字都是大家熟知的具体概念，概念区 B 的“上”与“下”是始源域，概念区 A 的“全体的人”是概念领域。“上”“下”的位置是由经验而产生的，它代表了空间的位置，而“上上下下”则是以“上”“下”为起点到“群体中的全体成员”的概念，由上而下，由老到小，也就是一个整体或家庭的统称。在“群体中的每个人”中，“上”对应于群体中的长辈，而“下”则对应于“群体中的晚辈”，与群体中的年轻成员相同，“集体中的所有人是上下”的概念隐喻映射见表 3-4。

表 3-4 “集体中的所有人是上下”的概念隐喻映射

始源域为：上、下	映射	目标域为：集体中的所有人
上	→	集体中的长辈
下	→	集体中的晚辈

（三）本体隐喻与汉语重叠词的语义

“本体隐喻是指把抽象的思想、情感和心理活动看作有形实体的概念隐喻”[①]。情感的、活动的、意识的、抽象的、无形的观念，都可以用有形的事物解释。换句话说，我们能够用熟悉的事物和经验去了解未知领域的概念。

例如，“不管是什么沟沟坎坎，总是一越而过、顺顺当当。”（张平《抉择》）。由“沟沟坎坎”构成的“坎坷和坎坷是一道坎”的概念。概念区 A 表示“困难和障碍”，概念区 B 表示“沟坎”。“沟坎”是有形的、具体化的，而“挫折、困难、障碍”是无形的、抽象的，所以，概念区 A 的困难和障碍是“障碍”的“目的”，而概念区 B 的“沟坎”是始源域。“沟”是指地势较低的地方，而“坎”则是一种类似于阶梯的事物。这两种东西在我们的日常生活中都很普遍，当人们在路上碰到“沟”或者“坎”的时候，都

① 宋丹. 认知语言学理论视域中汉语重叠词探析[D]. 哈尔滨：黑龙江大学，2020：37.

会非常谨慎地通过或者绕过去。“沟沟坎坎”已不再是原来的意思，而是指人生的艰辛和阻碍。换句话说，人生遭遇的各种挫折和困境就是“沟坎”。

第三节　认知语言学在汉语教学中的应用

一、认知语言学的隐喻认知理论与汉语教学

词汇是汉语学习的主要内容之一。因此，在外语教学中，教师应采取有效的教学手段，使学生快速、熟练地掌握外语词汇。事实上，每一种语言都拥有庞大的词汇量，并且包括书面语、口语等不同情境下使用的词汇，但无论在哪种语言中最重要是基础词汇。基础词汇是词汇的重要组成部分，数量最多、表意功能最强，这些词汇才是我们要学习的重点。基础词语及其含义的引申是语言表意系统构建的基础。基础词汇衍生词语及其语义的生成并非孤立存在，它把陌生的对象与已经认识的特定的对象结合起来，并在认识和推断中寻找它们的相似点，也就是说，它们都有了比喻的含义。基于认知语言学的“隐喻”理论，对基础类别的词组和多义现象进行了研究，对其进行阐释，并将其应用于汉语的词汇教学，目的在于使学习者能够更好地记住单词，更好地理解和巩固单词，避免产生消极的迁移。

现代的隐喻认知论把一个范畴系统地、对应地映射到另外一个领域，是符合人们的认识和逻辑的。比喻包含两个范畴，“源”通常指的是特定的、熟悉的、抽象的、陌生的。比喻以事物相似为基本依据，相似度在创造比喻的过程中起着举足轻重的角色。比如，在表示鸭舌形帽檐的时候，可以使用“鸭舌帽”这个单词；如用“枣红”表示的是枣红色。“纽带”这个单词，顾名思义，就是纽扣和皮带，在功能上，他们都可以互相连接，所以可以代表一个人或者事物。对其进行解析，可分成“鸭舌”“帽”“枣”“红”“纽扣”“带子”等日常用语，为人们所熟知。人类使用这些基础词汇来称呼新的东西，就是以比喻的形式产生新的词汇。

基础类别词语不但具有较好的构词功能，还可以借用比喻来创造新的意义，也就是说，一个词语往往具有多重意义。比如“龙”这个字，就是中国神话中的一种神奇的生物，它有很长的长度，有鳞片、有犄角，会走路、会飞、会水、会吹风、会下雨。“龙须面”“龙爪槐”等是与其外形特征相似的比喻；龙可以起到刮风和下雨的作用，有一种飓风，会使树木被吹倒，房屋和庄稼受损，于是，“龙卷风”这个名词就产生了。因为龙在神

话中地位很高，所以人们用“龙”来表示有身份的人。例如：在古代“龙颜”是皇帝的脸，“龙袍”是皇帝的服饰，“龙床”是皇帝的床；在现代人们常用“望子成龙”“人中之龙”“藏龙卧虎”等比喻“天才”。

从这个意义上看，“龙”这个词在其基础意义上是以比喻等的认识方式作为其动因的。另外，隐喻是一个国家的文化特性的一种认识方法。实际上，由于自然环境、生产生活方式、民族传统习俗等因素，各民族对同一件事情的认识存在着一定的差别，也就是说，在认识特征方面存在着一定的差别。因此，我们也可以从比喻中帮助学生理解和习得汉语言。不同的语言环境对汉语的理解更加有益。

二、认知语言学象似性理论与汉语教学

文法即是一种语言法则，它的语法规律，即使不经过系统地学习，也可以被运用。二语学习者受到其母语的负面迁移，在表达过程中会出现很多的文法错误，必须要有正确的语法规范。认知语言学的“象似性”原理能够从某种意义上反映出语言的规律性，有助于学生对语法的认识和学习。

象似性，在王寅的《论语言符号象似性》一书中被定义为：语言符号在语音、字形或结构上与其所指之间存在照应性相似的现象。索绪尔语言学思想中象征意义上的“任意”概念，是一种新的认识方法。目前对句法结构象似性的研究主要集中在句法的象似性上，即：距离象似性，顺序象似性，数量象似性，标记象似性，话题象似性，句式象似性，过滤象似性等原则。这里只对距离象似性和顺序象似性与汉语语法教学的关系进行解释。

（一）距离象似性与汉语语法的教学

距离象似性是一种概念的距离。在汉语中，多个定语的先后次序一直是跨语言学习者学习目标语言的一个难题，教师可以运用“距离”法来对其形容词次序进行解析和阐释。举个例子，“一件漂亮的新羊皮外套”，“羊皮”是最能体现外套的精髓的，它是最内敛的，不会变化的，因此与核心词汇的关系最近。“新”部分地体现了外套的精髓，但是这一特性并不能代表它的本质属性；“漂亮”是一种主观性感受，因而最远离核心词汇。通过对距离象似性原理的研究，可以发现，多个形容词在修饰一个词语时，通常是由主语+客观形容词+中间语组成，从而使学习者对其进行排列，并对语序有一定的了解。

（二）顺序象似性与汉语语法的教学

“连续象似”是一种类似于语言单元的思考次序。在发生的过程中，总是有一个先后次序，表现为在同一个时期，即思考时，一个词的单元和一个词的时间序列相一致。举例来说，汉语中的一种连在一起的句子：“我拉开了门，从教室里出来。”“拉开门”一定要比“走出教室”早，这其实也是思考的次序。通过对语法现象的分析和解释，可以帮助学生更好地理解和理解这些语法现象，同时也可以帮助他们更好地记住语法的规则，让他们在枯燥的语法中体会到一种满足。

第四章　汉语教学中的应用语言学理论

第一节　应用语言学及其研究

一、应用语言学的特性

应用语言学的定义可以从广义和狭义两个层面来进行分析和界定。广义的应用语言学是指人们将语言学的知识应用于其他学科，以解决其他学科中与语言相关的具体问题。狭义的应用语言学一般指语言教学，并且特别强调第二语言教学。从应用语言学的研究领域和研究范围来看，作为一门独立的学科，应用语言学既具有一般语言学研究的基本特点，也有自身的独特特点。具体来说，应用语言学的独特特点包括以下几点。

（一）应用语言学是跨学科的综合性学科

“研究应用语言学不仅需要语言学知识，也需要相关学科的知识”①。例如，语言教学的研究要充分吸收和借鉴教育学、心理学、二语习得理论，并充分借鉴相关研究成果，不断提升语言教学的水平和质量。语言教学研究要吸取教育学、心理学、第二语言习得、学科教学论等学科的理论和方法；研究语言规划离不开符号学、语言学、社会学、民族学理论和方法的指导；研究社会语言学需要社会学、语言学、文化学、人类学、统计学、心理学、教育学等学科的理论和方法；研究计算机语言学当然要跟计算机科学、数理逻辑、人工智能、信息论、控制论等学科结合。正因为语言学在不同领域与不同学科的结合，才产生了应用语言学的分支学科，如社会语言学、心理语言学、神经语言学、计算机语言学、人类语言学、文体学等。从这个意义上而言，应用语言学具有跨学科的性质，是一门跨学科的综合性学科。

（二）应用语言学是一门应用性学科

语言教学问题（资源、训练、互动、理解、使用、语境、动机等）、语

---

① 张庆宗，吴喜艳．应用语言学导论[M]．武汉：湖北教育出版社，2013．

言接触问题（语言和文化）、语言政策和规划问题（地位规划、语料库规划、语言生态学）、语言评估问题（有效性、可靠性、可用性和责任）、语言使用问题（方言、语域、语言社团等）、语言和技术问题（学习、评估、阅读和生理障碍）。因此，如果没有各个专业和专业的现实需求，那么，它将丧失存在的意义。

（三）应用语言学是一门实验性学科

应用语言学注重应用语言的实践，通过实验、调查和观察等方法来解决问题。总的来说，应用语言学的研究方式主要有定性、定量和综合。质性的研究主要采用访谈法、观察法、日志法和内省法，量化的方法主要有问卷调查法和实验法。比如，可以通过测试、问卷、访谈、观察、日志和内省等方法来探讨语言学习与教育中的问题，并运用田野调查、观察等方法来探讨社会语言学问题，运用定量的方法对语料库进行定量的统计和分析。

二、应用语言学的研究步骤

无论是定量研究还是定性研究，一般而言，需要经历七个研究步骤：确定选题、形成研究问题、文献综述、研究设计、收集数据、分析和解读数据、通报研究成果。

（一）确定选题

选题往往根据研究者自身的兴趣爱好或研究的需要而定，也可以根据现实中的实际问题或者研究者已查阅的文献资料来定。选题切忌过于宽泛或者过于狭窄。选题过大，如“反馈与第二语言学习”，这可能是一本著作的选题，对科研论文而言，范围过大，难以驾驭，难以发现各因素之间的关系和影响。选题太小，难以展开，难以深入挖掘主题。选题还应该具有学术性，具有一定的理论和实践价值。有些选题只是语言学习和日常生活中的话题，如“如何提高学生的英语学习兴趣”等，需要经过提炼和升华方能作为研究选题。

需要注意的是，一个好的选题主要来自对语言学习或教学活动的反思，来自大量的科研论文的阅读与思考。在阅读文献时，需要讲究策略，除了关注文献的研究方法和研究设计，还需要仔细阅读文献提出的研究展望，这些是非常有价值的线索，很有可能成为一个极好的选题。

好的选题必须有科研价值，或在理论上有创新性，或在实践上有指导作用，或二者兼而有之；好的选题必须具体明确，针对性强；好的选题必须有可行性，在现有的资源、知识、经验等条件下可以实施。

（二）形成研究问题

确定选题后，加以细化，形成研究问题，这样研究才具有指导性和探索性。问题的指导性指的是问题可以为论文指明方向。研究设计和方法、数据收集和分析都是为选题服务的。问题的探索性指的是问题不应该有明显的导向性。例如："语言学习信念与学习策略存在怎样的相关关系"这一研究问题明确指出了两者之间的相关关系，是不妥当的。

研究者可以在研究问题的基础上形成研究假设。研究假设是对调查对象的特征以及有关现象之间的相互关系所做的推测性判断或设想，它是对问题的尝试性解答，需要通过实证研究加以证实或推翻。研究假设有两种：零假设和备择假设。零假设又称为虚无假设或原假设，研究的变量之间不存在关系，如"自我效能水平与口语表达能力之间没有关系"这一研究的目的就是要推翻原假设，证明变量之间存在着一定的关系。备择假设分为定向假设和非定向假设。定向假设是方向性的研究假设，不仅表明了变量之间的差异性，而且也明确了差异的方向性。如"自我效能水平越高，口语表达能力越强"。非定向假设表明的是变量之间的差异性，但没有明确差异的方向性。如"自我效能水平与口语表达能力之间存在相关关系"。

（三）整理文献综述

整理文献综述的目的是说明所研究学科或领域中现有的研究成果、存在的问题以及研究展望。仅仅将以往的研究成果陈述、罗列出来是不够的，还需要分析、归纳、综合和评述。文献综述不仅要对前人的研究进行分析和综合，还应该做到：①比较和对照不同的研究者对某一问题的观点；②把持有相同观点或研究发现的文献放在一起；③批判性地分析研究设计和研究方法；④注意不同研究者对某一观点的分歧；⑤突出具有代表性的研究；⑥展示以往研究中的问题；⑦说明自己的研究与以往的研究之间的不同之处。文献综述部分与研究问题和研究假说部分以及方法论部分的关系必须非常紧密。在文献综述的结尾，需要指出已有文献存在的缺陷和问题，提出研究的必要性和创新性。

一篇好的文献综述要有综合性，研究者应该广泛阅读相关文献，对文献中的数据、研究方法、研究结果等进行梳理和整合，而不是将所有研究进行罗列和堆砌。一篇好的文献综述要有评价性，批判性地分析以往的研究设计和研究发现，找出其中不足的地方，肯定值得借鉴的地方。

（四）做好研究设计

研究设计是论文的方法论部分，包括以下内容：

第一，明确研究目的，选择研究对象。研究目的在文献综述和研究问题部分应该明确提出。选择研究对象时，需要考虑研究目的，研究的可行性和研究结果的概括性。如果要考察第二语言学习中三个变量之间的关系，如“大学生自我效能、学习策略与英语学业成绩之间的关系研究”，可以采用较大规模的问卷调查和相关成就测试，通过统计分析可以推断出三者之间的关系。调查研究便于实施，具有可行性。如果要考察英语学习信念的稳定性研究，可以对少数研究对象进行深度访谈或观察，但研究结果不具有推广性。访谈可以获得关于态度、经历等的详细信息，但研究者需要准备访谈指南，需要具有较强的交际能力。

第二，选择研究类型和数据收集方法。一般而言，应用语言学研究类型有定量研究、定性研究和两者相结合的研究。研究类型在很大程度上决定了数据收集方法。如果是定量研究，大多采用问卷调查、实验等方法收集数据；如果是定性研究，较为常用的方法有访谈、观察、日志、内省等方法。同一研究中尽量采用多种方法收集数据——三角论证，研究结果具有更强的说服力。

第三，界定研究变量。界定研究变量就是赋予变量操作性定义。操作性定义是根据可观察、可测量、可操作的特征来界定变量的含义，即从具体行为、特征、指标上对变量的操作进行描述，将抽象的概念转换成可观测、可操作、能控制、可检验的项目。从本质上而言，操作性定义就是详细描述研究变量的操作程序和测量指标。在实证性研究中，操作性定义尤其重要，它是衡量研究是否有价值的重要前提。

第四，选择研究材料和测量工具。在第二语言教学领域，常用的研究材料有教材、视频等。常用的测量工具有问卷、测试、日记、出声思维等。

第五，确定研究程序。研究程序是研究实施的具体步骤，可以引导读者了解研究的来龙去脉，同时对研究者也有指导作用，保证其研究有条不紊地进行。研究程序是研究实施之前不可或缺的一部分。

（五）收集数据

研究设计完成之后，就可以采用相关的测量工具收集数据了。研究设计不同，测量工具不同，数据形式也不同。定量研究的数据一般用测试的方法或问卷的形式来收集，数据以数字的形式存在。定性研究的数据一般用访谈、观察等方法来收集，数据以文字的形式存在。收集数据时要检验测量工具的信度和效度。信度是指测量工具测出的结果具有一致性和稳定性的特性，效度指的是测量工具在多大程度上可以测量所要测量的东西。测试或问卷的效度可以使用统计软件中的因子分析，信度可以使用该软件中的信度分析。访谈或观察等测量工具需要考虑文字陈述，不能带有主观诱导。

（六）分析与解读数据

数据不同，分析的方法不同。定量数据以数字的形式存在，比较直观。只要将数字输入相应的统计软件，如统计产品与服务解决方案软件，分析结果就可以呈现出来。定量分析主要有描述性统计和推断性统计。描述性统计是对变量的数量、均值、标准差、自由度等进行一般性描述，由此对所收集的数据资料进行综合、概括。推断性统计是推断收集的部分数据所代表的总体的特征，或验证假设，以决定分析结果是否与研究假设一致。推断性统计是在对数据描述的基础上，进一步对其代表的总体特征进行分析、解释，并做出推断性结论和预测的方法，主要有相关分析、检验、方差分析、回归分析等数据分析方法。数据分析方法是为研究目的和研究假设服务的。定性数据以文字的形式存在，不易发现其中的规律，这对研究者提出了更高的要求。

（七）通报研究成果

研究结果可以以论文、研究报告、著作等形式告知读者。撰写研究论文需要注意论文写作要求，严格遵守学术规范。

第二节　第二语言习得的理论

第二语言习得作为一门独立的学科，是建立在科学、全面的理论研究基础之上的，这里我们对第二语言习得的理论进行深入的分析和研究。

一、第二语言习得的对比和偏误分析

（一）第二语言习得的对比分析

1．对比分析的心理学基础

对比分析法的心理学基础是行为主义心理学。

（1）习惯。华生的古典行为主义认为，刺激诱发反应。刺激达到一定频率，反应就形成习惯。斯金纳的中期行为主义理论则强调强化的作用，认为反应发生后，若有一个特定行为进行强化（根据学习者反应的适当与否，给以奖励或惩罚），就能促进习惯的形成。根据行为主义理论，儿童模仿成人话语，获得相应的奖励或指正，建构习惯表达，进而掌握第一语言。二语习得与此类似，刺激—反应联系构成了第二语言习惯，模仿和强化是重要手段。

（2）迁移与偏误。学习者已掌握的语言会对他们学习新语言产生影响，这种影响就叫迁移。语言迁移有两类：正迁移和负迁移。正迁移指有利于语言学习的迁移，当某些语言项目第一语言跟第二语言相同时可能出现，学习时可以把第一语言的形式转移到第二语言中。负迁移指不利于语言学习的迁移，又叫“干扰”。当两种语言用不同形式表达同一意思时，学习者将第一语言的形式迁移到第二语言中，会出现偏误“迁移”“干扰”，泛指广义的学习心理行为。“跨语言影响”这一术语特指借词、干扰和语言迁移等反映语言间相互影响的现象。

2．对比分析的内容体系

（1）对比分析的发展。

第一，回避。回避是学习者故意不使用某个语言形式。英语关系从句对汉语、日语母语者很难，对波斯语、阿拉伯语母语者不太难；因为汉语、日语没有近似句式，而波斯语、阿拉伯语有近似句式。但汉语、日语母语者的英语关系子句偏误少，波斯语、阿拉伯母语者偏误多。原因是对于这种句式，汉语、日语母语者常常回避，而波斯语、阿拉伯母语者不常回避。事实上，阿拉伯语的关系子句与英语并不完全对应，因此学习时容易出错。这表明，在生成和理解第二语言时，第一语言的影响确实很大，但并非都引发偏误。

第二，相似度。相似度指两种语言中对应的语言点表面相似，实际上有一些区别。当存在这种“关键相似度”时，干扰更可能引发偏误。如英语和旁遮普语都有含 of 的所属结构，旁遮普母语者学习英语时容易出错。而英语和旁遮普语介词的位置、句中动词有明显区别，则偏误不多。词汇习得中也存在类似的相似度。如日语汉源词中的同形异义词（“告诉”意为“控告”，“颜色”意为“脸色”），容易产生负迁移，引发偏误。第一语言的干扰往往出现在某个特定语境中。习得研究要准确、详细说明什么构成“关键相似度”，准确预测、解释何时会发生干扰，这需要结合心理学和语言学进行研究。

第三，干扰是学习者的策略。“策略”是对语言学习和运用进行认知考察的一部分。二语学习者使用储存的知识（包括母语和第二语言）进行二语学习和交际，是一种策略。英国著名应用语言学家科德描绘了“干扰”可能重塑为学习者策略的方式：当第一语言跟第二语言相似时，第一语言知识可为第二语言学习利用。当学习者缺乏目标语资源而遇到交际困难时，往往借助第一语言来补偿，可以将“干扰”重构为“调解”。“干扰”属学习特征，“调解”属交际策略。“调解观”把学习者当作二语习得的积极贡献者来考察。

（2）对比分析的作用。对比分析适用于以下三种情况：①第一语言学习、二语学习是截然不同的过程；②二语学习的根本困难，是母语系统习惯特征的干扰；③有效的教材、教学基于第一语言、第二语言的科学平行描写。

语言对比可以促进汉语二语学习的正迁移，减少负迁移。通过对比确定难点，可以使教材编写、教学实施具有针对性、实效性，可以避免教学和测试中没有价值的语言项目。明白了偏误的原因，教师就可以通过科学、恰当地讲解、练习，让学生掌握汉语表达方式，减少、避免错误生成。对成年学习者，适当进行对比教学，效果更好。

（3）对比分析的程序。

第一，传统程序。传统的对比分析有四个步骤：①描写。对学生的母语和目的语进行准确、清晰的描写。②选择。选择一定的语言项目、规则或结构进行对比。③对比。通过对比找出两种语言的特殊点。④预测。预测学习中可能出现的错误和难点。这个程序从一般到个别，没有充分考虑二语教学的需求，工程大，难操作，研究者往往不清楚该如何选择。

第二，改良程序。适合第二语言研究的对比分析六步程序，简述如下：①发现。在教学、研究实践中发现值得对比的语言点，学习者输入、输出问题最多的语言点。②选择。发现的问题，有的跟学生母语相关，有的不相关。选择就是要初步对比，选定前者，去掉后者。③收集语料。确认对比目标后，要广泛收集语料。语料包括中介语语料、语言对比语料两类。前者包括对话、陈述、作文、看图说话/写作、各种测试（翻译、完成句子、判断）等，后者包括各种双语翻译文本。除自己收集语料外，还可以使用中介语语料库和双语语料库。④逐项比对。将学习者母语和汉语的每个语言单位进行逐项比对，凸显相同点和不同点。⑤多层解释。⑥教学实施。找出有效方法进行教学，使学习者更好地掌握学习项目。每学一个词、一个用法，都要结合典型语境和环境，给出大量例子，反复练习，让学生产生语感，真正习得语言。学会一个词语时，可以适当进行汉语内不同词语的对比；高中生、成年人还可适当进行外汉对比。

（二）第二语言习得的偏误分析

偏误分析与对比分析结合，服务于教学。偏误不仅跟母语干扰有关，还跟目标语规则泛化相联系。偏误分析是中介语研究、习得顺序研究的重要组成部分。

1．偏误分析的作用

（1）深化汉语习得研究。考察偏误的原因，是习得研究的重要内容。学生出现偏误问题有三种可能的原因：①母语迁移；②目的语规则泛化；③教学误导。习得顺序研究离不开偏误分析。

（2）促进对外汉语教学。偏误分析可以让学习者了解偏误原因，有效掌握语言规则，减少偏误。根据偏误出现点和频率，教师可以有针对性地进行教学，编写者可以编纂出更符合学习者需要的教材和词典。如果结合偏误讲练离合词，或参照外国学生疑问代词习得顺序进行教材编写和教学实施，就可以提高学习效率。结合学生偏误讲解汉语规则，进行相应操练，可以取得更好的效果。

（3）推动汉语本体研究。以往本体研究只从本族人视角、从符合语言规则的现象里去看问题，单向、狭窄、静态。偏误研究从学习者视角、从多语对比的层面观照汉语，从偏误现象去找问题，从发展角度纵向观察中介语，多向、宽广、动态，自然会促进研究的创新，推动汉语研究。基于偏误分析的研究，对汉语语法的本体研究有重要的启发；偏误研究及整个对外汉语教学的需求，是推动汉语语法研究的动力。

（4）偏误分析的不足。偏误分析只考察偏误，而二语习得要全面考察学习者的中介语及其发展（连续体），包括跟目的语一致的地方。这样才能看出习得轨迹。只分析偏误，则看不出学习者整个习得过程。

2．偏误分析的步骤

下面以语法偏误为例解释偏误分析的步骤。

（1）语料收集。语料有自然语料（作文、对话录音等）和非自然语料（语音、词汇、语法练习等）。要考虑样本的大小、类别（如口语还是书面语、随意语体还是谨慎语体）、一致性（学习者年龄、母语、学习阶段）等因素。

（2）偏误识辨。

第一，要区分“失误”和“偏误”。“失误”源于一时疏忽，“偏误”因为缺乏语言能力，区分标准有两条：①频率。偶尔出现可能是失误，出现较多则可能是偏误。②生成者能否自纠。可以自纠是失误，不能自纠是偏误。偏误分析的对象主要是后者。

第二，要区分“显性偏误”和“隐性偏误”。显性偏误在形式上违反句法规则，隐性偏误看单句可能没有问题，放在文中就有问题了。

（3）偏误纠正与偏误点选择。进行偏误纠正时要注意的原则包括：①不违背作者原意；②符合语感和语法规则；③最简化；④接近学生水平。偏误点是指引发偏误的具体成分。偏误点的确定跟偏误纠正密切相关。

（4）偏误描述。

第一，从传统的语法范畴（词类、句子成分、句式）等入手进行分析。

第二，从标准数学范畴入手，对比偏误形式与正确形式，概括二者区别，偏误产生的原因有以下四种：①误加；②遗漏；③错位；④误代。

偏误分类大多是上述两种方法的结合，或先用语法范畴分类，再使用数学范畴分类。偏误描述不能是为分类而分类，而是为了找出偏误原因，找出具体的教学对策。

（5）偏误探源。偏误产生的心理原因，可以从以下四个角度来考察：

第一，语际偏误。语际偏误是由母语负迁移引起的偏误，又称“干扰性偏误”“对比性偏误”。

第二，语内偏误。语内偏误指第一语言内部的发展偏误，又称“目标语规则泛化偏误”“发展性偏误”，可以分为替代、类推、回避、简化、诱发5类。

语内偏误的原因可从两个方面考察：①语言规则本身；②学习者对规则的认识和使用。规则泛化主要源于三类心理机制：类推，混淆，叠加。

语内偏误涉及普遍认知，一语者、二语者都可能出现。

第三，训练偏误。训练偏误指因为教科书、词典编写不恰当或教师讲解不好而引发的偏误。

第四，认知偏误。认知偏误指因人的认知能力跟某种语言规则产生矛盾而出现的偏误，又称“普遍偏误”。语法项目的认知难度可从五个方面观测：①特征是否凸显；②形式是否简单；③形式意义的关系是否简明；④有无其他诱发成分；⑤语篇语用功能是否复杂。

（6）教学建议。从二语教学的目标看，偏误分析后应该得出有用的教学建议。教学建议一般分三个部分：一是大纲、教材如何处理跟该偏误有关的语言点，二是如何解释，三是如何操练。

二、第二语言习得的中介语及其变异

偏误分析只研究从目标语规则来看属于偏误的部分，没有考察习得者的语言全貌和发展。中介语研究进了一步，它将二语习得者的语言作为一个跟母语和目的语既有相同点又有不同点的语言系统，考察这一语言系统的可变性、发展途径（习得顺序）等。

（一）第二语言习得的中介语

中介语是学习者在二语习得过程中建构的、既不同于母语又不同于目的语的一种语言知识系统，它是逐步接近目的语的一种发展阶段；是学习者在某个发展阶段建构的语言系统；是一系列连锁的语言系统，形成学习者的内置大纲，即构成中介语连续体；也可以用“接近系统”“个性化语言”“过渡能力”等术语探讨这一语言系统。中介语有可塑性、动态性和系统性三个特征。

第一，可塑性。可塑性指中介语的语言规则不断修正。如在二语学习者的中介语里，否定词加主要动词的形式往往先出现；一段时间后，否定词才开始出现于助动词和主要动词之间。其实，任何语言都有可塑性。

第二，动态性。动态性指中介语的规则是以渐进方式逐步扩展的。汉语特指问句的习得有一个较长的过程，疑问代词是逐步扩散的：第一阶段是“怎么样、什么”（你怎么样？这是什么？）；第二阶段是“多少/几、哪里、谁”（多少/几个人？去哪里？他是谁？）；第三阶段是“怎么+动词”（怎么去？），第四阶段是“多+A”（多长、多高）。

第三，系统性。系统性指中介语的语音、词汇、语法都有一套规则。

学习者出现的中介语现象并不是偶然的，也不是随心所欲的。中介语规则不能只用目的语的术语来进行评估。从目的语语法规则来看，不少中介语现象是偏误，但它们可能符合中介语规则。

（二）第二语言习得中介语的变异

变异在自然语言中存在，在中介语中同样存在，只是在程度上、范围上有所不同。

第一，社交情景变异。由于社交情景变化导致的变异，跟母语使用者的风格变异相似。对汉语作为二语学习者的考察发现，“着”“不”“没”等词语的使用，在口语表达中的偏误较多，在书面语表达（描述情景）中的偏误较少，在书面语法练习中最少。

第二，语境变异。语境变异指语言的内部语境变化，导致学习者使用了多种不同的语言形式。

上述两种情境，语境更重要。中介语变异的社交情景基本相同，内部语境却各不相同。找出发生变异的具体语境，可概括语言规则，揭示习得规律，有针对性地进行二语教学。

三、第二语言习得的输入、输出与互动

（一）输入、输出与互动的作用

1. 输入强化和高频输入

输入强化，即有意识地突出语言输入中的某些成分。例如，用特殊字体或标题等形式呈现，强化内容与某一特点鲜明的刺激物或动作同时呈现，使用重音、放慢语速、重复等方式强化特定内容等。被强化了的输入容易吸引学习者注意，帮助记忆。特定语言形式输入次数和学生输出次数正相关。如是非问句，二语者开始学习时接触最多，自然最先习得。

2. 可理解输入和“i+1”原则

二语习得依赖于学习者得到的可理解输入。输入是“i+1”。“i”是学习者已掌握并完全理解的内容，占大部分；“1”是新语言形式，占小部分。从 i 阶段上升到 i+1 阶段的必要条件，是学习者能理解包含“i+1”的输入，这种输入能被理解，主要依靠的途径为：①利用学习者已经学过的结构和词汇；②根据“此时此地”取向，使学习者能利用言内、言外环境以及常识去理解新的语言知识；③通过教师调节会话的互动结构。

3. 摄入与输出

输入被学习者理解了，不等于习得完成。只有当输入转为摄入，即被吸收时，习得才发生。输入是学习者听到、看到的材料，摄入是被吸收并融入中介语体系中的那部分第二语言。摄入又叫吸纳，是学习者将输入转化为内部语法的心智活动，是对语言输入中的信息进行整合的尝试。

二语学习不仅需要大量的可理解性输入，还需要大量的可理解性输出。学习者必须用学到的二语知识进行输出，并让母语者理解，才能真正习得。母语者无法理解时，就会迫使学习者使用更精确的语言形式。这种过程促使学习者更多地从语义加工转向句法加工，更加注重表达的语言形式，使输出可以被理解。

4. 建立垂直结构

垂直结构指在语流中，学习者从前面话语中借用一些语块构成的话语。二语输出必然受到输入的影响；输出的语言形式，可能是由学习者对前面话语的处理不同形成的。因此，输出应该放在话语中考察。善于利用垂直结构，可促进习得，提高教学效益。

5. 纠正性反馈的应用

纠正性反馈，指二语者出现输出错误时他人提示错误的反馈信息。

（1）书面纠正性反馈。用于纠正学习者文本错误，可分为直接纠正和间接纠正两种基本类型。

第一，直接纠正。直接纠正即给出正确形式，可分为两类：①无元语言信息。只给正确形式，不解释规则；②有元语言信息。既提供正确形式，又简要解释规则。

第二，间接纠正。间接纠正即不给出正确形式，也可分为两类：①无元语言信息。或者明确定位错误所在，如下画线；或者不明确定位，如只在有错误的那一行旁边的空白处打“×”；②有元语言信息。或者简要解释规则，如“动宾搭配不当”“否定词误代”；或者只用符号标识错误，如用 WO 表示词序错误。

（2）口语纠正性反馈。用于纠正学习者口语错误。有多个角度的分类。从纠正时间看，出现错误立刻纠正，是及时反馈；等学习者参与的交流活动结束后再纠正，是延迟纠正。从是否提供正确形式看，给出正确形式，是输入性纠正；不给出正确形式，诱导学习者说正确形式，是输出性纠正。从是否明示错误看，明确指出学习者出现的错误，是显性纠正；不明确对方出现的错误，是隐性纠正。

（3）教学实施。纠正性反馈可以使学生注意到自己的输出与目的语的“差距”，通过“修正输出”，让修正后的特征进一步融入中介语系统，实现“领会”吸收。因此，一些教学法，如听说法，很推崇纠正性反馈，认为它可以促进二语习得。正确实施纠正性反馈，可以提高教学效益。当然，也有研究认为，过度的纠正性反馈会有负面作用。

在纠正时间上，如果重视语言表达的流畅性，多用延迟纠正；如果重视语言表达的准确性，多用及时纠正。此外，纠正哪类错误，如何纠正错误，由谁来纠正错误，都可能对纠正性反馈的效应产生一定影响。

6．互动假说与协同理论

（1）互动假说。互动假说是对语言输入假说的拓展，互动假说认为，输入的可理解性是在意义协商过程中通过交际实现的，而且也可以实现学习者的可理解输出。

（2）协同理论。学习者与高于自己水平的人（尤其是本族语者）互动，外语水平提高快。互动促学的机理，是协同效应，协同即学习。

学习效率取决于语言理解和产出结合的紧密程度，结合越紧，协同效应越强，学习效果越好；协同应该是语言输出向语言输入看齐，由低向高拉平，缩小差距。最佳效果是产出语言与所理解语言趋于一致。

师生课堂互动，应以协同为目标。教师输入适当贴近学生水平，学生容易听懂，容易模仿，输出容易向输入水平靠拢。

（二）课堂情境的输入与互动

1．输入的教师语言

对二语学习者教学的教师语言是一种语体，有形式特征和互动特征，它既是教学媒介语，又是学习者的目的语。作为教学媒介语，它承担着传授知识、培训技能的任务；作为学习者的目的语，它要求清楚、准确，给学习者一个很好的示范。教学语言又有受限性特点，在语音、词汇、句子、语篇等方面要根据学习者水平做出调节。语言课的教师语言有以下三个特点：①所有层次都有形式调节：准确、规范的发音；上位词替换下位词；缩短句子，将长句化为短句。②合乎语法的调节。③常出现重复、提示、鼓励、扩展等。理解性检查多，确认检查和请求澄清少。因为课堂上单向交流占优势，教师控制谈话，学生说话机会较少。

专业课的教师语言跟语言课相似，但词汇调节少，因为专业课很难回避专业术语。课堂教师语言大多是一对多，学习者水平不同，只有来自少数学生的有限反馈。教师调节语言，比一对一要困难得多。需要测出班级学生的总体水平，将调节放在平均层次上。

2．话语分析

课堂话语分析常常会关注“三段话语”，即教师引发、学生反应、教师反馈，此结构在外语教学课堂上可能会有变化、扩展。教师反馈包括确认、补充、纠错等，能帮助学习者验证他们是否形成了正确的目的语规则。第二语言课堂上，该模式可能采用非语言形式：教师发指令，学生行为反应，此类互动适合初学者。课堂话语的分析阐明了教师和学生的共同作用，有助于清楚显示在课堂上下文里，意义如何澄清，输入如何适合学习者语言加工机制等要求。

四、第二语言习得的学习者个体差异与策略

（一）第二语言习得的学习者个体差异

1．年龄和性别

（1）年龄。年龄不会改变习得顺序。6 ~ 15 岁的孩子和成人学习者对 20 个语言点的习得顺序相同。但年龄对学习速度有明显影响。在接触二语的时间相同的情况下，与成人相比，13 ~ 19 岁的学生二语习得的进步最快。并且，年龄只影响词法和句法的学习速度，对语音方面的习得似乎没有影响。可见，接触二语时间长短和起始年龄均对二语熟练程度有显著影响。接触二语时间越长，语言越专业。接触时间长短对产出性语言技能（说写）的影响大于对接受性语言技能（听读）的影响。开始习得时年龄越小，发音越地道。

（2）性别。在使用二语互动交际的过程中，男性语言输出的频率多于女性，而女性语言输入的频率多于男性。很多初学者在说二语之前先在脑海中默念一下，女性使用这种方法的比率多于男性。此外，男性在交际时使用翻译策略多于女性，而女性对理解监测较多，即通过多种方法检测自己是否真的听懂了对方的话语。

2．智力和语言学能

（1）智力。智力指一般智力因素，是掌握和使用学术技能的基础。讨

论智力对二语习得的影响需要区分两类语言能力：第一类是认知/学术语言能力，如学习语法、词汇的能力和阅读理解、听写、自由写作能力；第二类是基本的人际交往技能，涉及口语表达的流利性和语言社交能力。智力因素与第一类语言能力有较大相关性，而与第二类语言能力关系不大。换言之，智力因素能够较好预测在正式环境（如语言课堂）中学习的语言成绩，与在自然环境中习得二语的情况则没有必然关系。

（2）语言学能。语言学能主要包括以下四种不同能力：

第一，语音编码能力（感知记忆新发音的能力）。例如，母语没有声调的学习者能否辨别汉语声调的差异，初学汉语的日本人能否辨别汉语声母中送气音、不送气音的异同。

第二，语法敏感性（理解语法功能的能力）。例如，学习者在看到“墙上贴着一个通知”和“我忘了通知他”时，能够意识到两个句子中的“通知”词性不同，语法功能不同。

第三，归纳能力（注意、判定语法形式和意义的异同的能力）。例如经过一段时间学习，汉语二语者能发现表示复数的“们”一般用于表人名词后面，不用于表物名词后面；且不能与数量短语同时出现等。

第四，机械记忆能力（将不同刺激联系在一起和记住的能力）。例如，给出一些汉语词语，并提供英文对应翻译，考察学习者能否在短时间内将汉语词形和词义进行正确匹配。

上述这四种学能实际上都属于第一类语言能力，即认知/学术语言能力的范畴。一些研究发现，学习者语言学能测试得分的高低与学习者的语言水平存在中度相关关系。

3. 认知方式与态度动机

（1）认知方式。认知方式指对信息的感知、概念化、组织和记忆的方式。可以从多种二分维度来给认知方式分类。其中最常见的是将认知方式分为场依附和场独立两类。

（2）态度。态度指为目标努力时表现出来的持久性。态度还有其他一些的定义，如对目标语成员的看法（有趣与否、诚实与否）、对本族文化的信念等。态度可以分为三类：①对操二语的社区和人的态度；②对正在进行的语言学习的态度；③对一般语言和语言学习的态度。

（3）动机。动机指行为的整体目标和方向。一般将动机划分为三类：①整体动机（二语学习的整体目标方向）；②情景动机（课堂学习/自然学习）；

③任务动机（完成某个具体学习任务）。

4．个性与情感过滤

（1）个性。个性是由一系列个人特性集合成的个体性格。个性通常有一系列的对立因素：冷漠/热情，害羞/大胆，不自信/有统治欲，内向/外向，神经质/稳定。例如，外向学习者很容易跟使用目的语的人（包括本族语者和非本族语者）接触，自然会接受更多的目的语输入。口语流利的程度与性格的内向外向相关，性格外向者二语流利程度比性格内向者要高。

（2）情感过滤。情感过滤假说认为，语言习得主要依靠可理解的输入；但是，它也受到情感因素的影响，出现情感过滤。情感过滤越强，输入能进入主管语言机制的大脑部分变成语言能力的比例就越低；反之，情感过滤越弱，输入能进入主管语言机制的大脑部分变成语言能力的比例就越高。其过程如下：

输入→情感过滤（语言习得机制）→语言能力

影响情感过滤的因素主要有学习动力、自信心和焦虑感等。焦虑对留学生学习汉语具有负面影响，主要表现在口语方面。具体而言，口语成绩和焦虑感成反比：焦虑感越强，口语成绩越差；焦虑感越弱，口语成绩越好。年龄、性别、学习汉语的时间、是否华裔以及期望值等因素和焦虑没有明显关系。

（二）第二语言习得的学习者学习策略

1．学习的类型

（1）显性学习。

第一，显性知识。显性知识是指学习者能够有意识地表达出来的知识，即学习者不但知其然，而且知其所以然。

第二，显性学习。显性学习是指通过显性手段（如记忆法、语法分析）学习语言内容（如词汇、语法），是通过有意识的方式进行的，学会的知识以显性方式储存，使用起来用意识进行控制。例如，学习者在学习新词“读者”时，意识到“者”是一个表示人的词缀，“读者”就是阅读书刊文章的人，并通过这样的分析存储该词。

第三，显性教学。显性教学是指在教学当中详细讲解语言规则，使学习者注意某一形式的教学。如在课堂上就某一对或一组近义词进行辨析。在辨析“出生”“诞生”时，明确告诉学生“出生”只能用于人，而“诞生”

既可以用于人，也可以用于事物。

第四，自动化和有控制的语言处理。有控制的语言处理需要积极的注意力，自动化的语言处理则不需要积极的控制和注意力。从有控制到自动化的运作模式是二语习得的一个必经阶段。例如，学习汉语称数法时，学习者一开始需要注意位数词和多位数中间及末尾的零（如 3003，6660）的读法，需要在大脑中搜索相关规则才能准确说出来。这就是有控制的处理阶段。经过一段时间，学习者看到一个数字后能够不假思索地说出来，就是达到了自动化处理阶段。

第五，陈述性知识和程序性知识。陈述性知识是指由能够作为命题储存起来的有意识掌握的事实、概念、观点等构成的知识，程序性（操作性、过程性）知识是关于一些人们知道如何做却并非有意识掌握的知识。

陈述性知识是“知道是什么”，由已经内化的二语规则及记忆中的语言单位组成，程序性（操作性、过程性）知识是“知道怎样做”，由学习者习得和使用二语的策略和程序组成。

（2）隐性学习。

第一，隐性知识。隐性知识指在二语习得中，学习者在交际中通过可理解输入无意识发展起来的二语知识。例如目的语环境下的二语者虽未接受过正式的语言培训，但仍能发展出二语知识，该知识即隐性知识。

第二，隐性学习。隐性学习指学习者未意识到正在学的内容是怎样的。

第三，隐性教学。隐性教学指通过大量的练习、活动，潜移默化地影响学习者的思维和活动，使学习者无意识地获取目的语知识并能够恰当运用目的语的过程。

2. 学习的策略

（1）语言学习策略。语言学习策略指为了发展目的语的语言、社会语言能力而采取的策略。

1）套语。套语是指那些不能分析只能作为整体的语言单位，常运用于特定的场景，如打招呼、请求等，它在二语习得中很常见，尤其是开始阶段。学习早期，学习者常常使用“模式记忆”或“模式模仿”的策略，把套语作为一个整体进行理解和使用。每个套语都与特定交际目标相关，可以最大程度发展学习者的交际能力，减轻学习负担。套语是创造性话语发展的基础。早期，学习者把套语当成一个整体；后来学习者逐渐明白，套语由分离成分构成，这些成分根据不同规则可以与别的成分结合。分解套语需要具有识别保留成分和替换成分的能力。学习者应注意到套语结构随情景变化而变化。

2）创造性话语。创造性话语是二语规则的产物。规则构成了学习者的中介语系统，反映出语言发展的自然顺序。建构中介语规则的策略可以分为假设建构与假设检验两种基本的相关过程。

假设建构，假设建构通过两种方式形成：运用已有语言知识（包括一语、二语和其他语言知识），从输入语料中归纳新规则。这些过程跟简化与推断两种策略相关。①简化指学习者努力尝试将假设控制在相对容易的范围内，以减轻学习负担的一种策略。②推断是学习者依据输入形成假设的手段。一般认为推断有两种，一种是言内推断，指学习者从大量二语输入中归纳出语言的规则；另一种是言外推断，指学习者从外部输入的环境中推断出说话人的意思。如学习者发现中国人挥手告别时常互道“再见”，因此可能推断出“再见”的意义和用法。

假设检验，学习者一旦产生一个假设，总会通过各种途径来检验这一假设。检验方式有：①接受性的（学习者在注意二语输入时，把自己的假设与语料提供的信息相比较）；②生成性的（学习者在生成二语话语时，就已包含了他所形成的有关二语规则的假设，根据他所获得的信息反馈来评估假设的正确与否）；③元语言知识（学习者通过向母语者、教师请教，通过查阅语法书、词典等来建构有效的假设）；④相互作用的方式（学习者通过调动谈话对方的修正来进行假设检验）。

假设检验是以上一种或多种方式使用的结果。不断变化着的中介语规则系统正是学习者在语言实践中不断修正有关假设的结果。

自动化过程：在假设检验后进行的形式操练和功能操练，使语言规则达到自动化的程度。

（2）语言运用策略。语言运用策略分为产出策略与交际策略。

1）产出策略。产出策略指尝试用最小努力达到有效、清楚使用目的语的目的。简化是一种典型的产出策略，与前面假设建构中提到的简化稍有不同，产出中的简化策略主要是指早期二语学习者尝试用其有限的语言资源尽量传达更多信息的一种输出策略。简化可分为语义简化和形式简化两种。

语义简化。语义简化指学习者通过减少与语言代码相对应的命题成分来简化句子的过程。省掉的是语义成分，如施事、与事、受事等。用哪种“简化句”取决于学习者已有的语言资源，以及他认为某些成分能最大程度提供信息以满足交际与情景的需要。

形式简化。形式简化包括语法功能词、虚词与词缀的省略。

2）交际策略。交际策略是交际能力的一部分，是学习者因二语知识有限，在表达遇到困难时采取的一种弥补手段。学习者缺乏合适的语言资源来表达自己的意图，只得用这种方法补偿他们在语法知识或词汇上的欠缺，以达到交际目的。交际策略又分为缩减策略和成就策略两种。

缩减策略。缩减策略是一种逃避问题的策略，包括对部分交际目标的放弃。

成就策略。成就策略是学习者为实现交际目标而采用的补救措施，可分为四个小类。第一小类是借助第二语言。第二小类是直接借助第一语言或者其他熟悉的语言。第三小类是动作或其他非口头语言形式。第四小类就是直接求助于本族语者。

（3）元认知策略。元认知策略指学习者试图通过学习前计划、学习中监控和学习后评估来规范语言学习的活动，具有执行和控制的功能，如引导注意、自我管理等，它是用来协调学习活动和认知加工过程的。如：事先组织——在学习之前先对整体内容、框架进行浏览。引导注意力——事先决定注意哪些方面的学习内容，忽略哪些方面的内容。选择性注意——事先决定将注意力集中在哪些语言输入的细节上，并将其作为记忆的线索。自我管理——知道哪些条件有助于学习，并努力执行。提前准备：预先准备好相关知识以应对接下来的语言任务。自我监控——注意发音、词汇、语法等方面的准确性。

（4）认知策略。认知策略指学习者用以提高学习及记忆能力，特别是完成具体的课堂任务时的行为，是在对学习材料进行直接分析、综合和转换等过程中采取的步骤或操作，具有操作加工或认知加工的功能。认知策略包括但不限于下列类型：①重复。如模仿一个语言单位，包括大声朗读或默念。②查阅资料。如通过使用参考资料获得词语的意义。③翻译。如借助母语来理解和产出目的语。④分组。如对学习材料根据不同属性进行分类。⑤推论。如有意识地运用语言规则分析、产出二语。⑥意象。如将某个词语与意象建立联系。⑦声音表征。如通过声音帮助记忆词、短语等。⑧语境化。如将生词或短语置于特定语境中记忆。⑨迁移。如利用过去的语言和概念知识学习新的任务。⑩推测。如根据可利用的信息猜测词义、预测下文、补全缺失信息等。

（5）社交/情感策略。社交/情感策略为学习者提供更多接触语言的机会。社交策略是与别人合作学习的策略，包括提问、与他人合作等。例如，学习者听不懂授课内容时直接问教师，在课内外活动中积极用汉语与同学交流与沟通等。情感策略是用来管理、规范情绪的，包括克服焦虑、鼓励自己、控制情绪等。例如，学习者在遇到学习困难时，进行自我鼓励，或者是与别人谈论自己的感受等。

（6）直接策略。直接策略与目的语学习加工直接相关，包括记忆策略和补偿策略。①记忆策略是用来记忆和复习新知识的，包括联想、利用图像和声音、有计划地复习、使用动作等。例如，学习者在学习生词时，将它和熟悉的词语联系起来记忆；制作生词卡片，帮助记忆；背诵一些语言片段，为参加戏剧表演做准备等。②补偿策略是学习者在新语言知识有限的情况下能运用多种方法，如合理猜测等来弥补缺陷和不足。遇到生词时，可利用上下文、构词语素以及汉字中表意的形旁来猜测词义。不会使用某些新学会的词语时，就使用同义词、近义词来代替。

（7）间接策略。间接策略指通过聚焦、计划、评估、寻求机会、控制焦虑、增加合作等各种方式间接支持语言学习的各种策略，包括元认知策略、情感策略和社交策略。

第三节　跨文化交际理论与汉语教学

一、跨文化交际的相关理论

（一）跨文化交际中的语言交际

语言是人类交际的重要媒体，文化不同，语言内涵（语言文化知识）及其表达方式也就存在差异。“语言是文化重要的组成部分，对文化的发展和繁荣有着非常重要的作用，想要了解一个国家的文化，掌握和了解其语言特性是必经之路；同时，一个国家的文化若想得到长足发展，丰富和传播其语言是极其重要的措施之一”[①]。

跨文化交际涉及不同的文化，而不同的文化造就不同的语言。文化决定语言的表达方式，而文化的内涵则需要通过语言的传递表现出来。不同国家的语言是不同国家思维的轨迹，体现了各民族的思维方式。

1. 跨文化交际中语言交际的功能

（1）识记功能。语言符号是人们在长期的生活实践中总结形成的意义

---

① 汪蕊．浅谈语言与文化的关系[J]．明日风尚，2020（6）：185．

符号系统，其形、音、义都具有一定的稳定性，因而，人们可以学习认知、记忆储存、输出运用，以便完成对事物、事件、行为、规则等信息的记录与交流传递。例如，学习汉语词汇“毛笔”，掌握了其读音“máo bǐ”，是一种用来进行文字信息书写记录的工具，并与其具体的实物相联系来完成对“毛笔”的学习认知过程，在以后的任何时候，见到该事物就知道其名称和功能，并随时可以用来传递相关信息。

（2）审美功能。语言符号可以按照一定的规律进行灵活组合而产生语音、语义，甚至形态上的美感。例如，“品”是由三个“口”组成的，指原本可以一口吃（喝）完的东西分做三口来完成，是指享受其质量内涵的意思，从而也引申出汉语词语“品味”。再如，汉语句子“僧敲月下门”，作者贾岛在用字上是经过反复斟酌的，最后选定“敲”。如果用“推”，在月夜推门，会让人觉得这个“僧”缺乏教养，对其产生行为“不端”的嫌疑，这与中国传统的礼仪相违背，因而，一个字上的斟酌让整个句子富含韵味。

（3）表意功能。语言符号可以用来表述各种行为、事件、观念、关系以及观点等，用于构建社会群体，确立人们在一定群体范围内的位置和关系等。在交际过程中，交际含义会受到多种因素的影响和制约，因此，语言符号可以用来表现三种相互依赖的社会和文化含义，即表象意义、倾向意义和组合意义。

第一，表象的意义。表象意义是对所指内容进行的陈述性、命题性、概念性、经验性以及主旨性描述所产生的意义，它表现的是时空概念、活动过程、交际环境、交际方式以及相互关系等，对事物进行定义、分类、归因等。

第二，倾向的意义。倾向意义又称情感态度含义，是人们对会话的主旨内容进行关系、情感和评价所做出的位置确认和判断所形成的含义，它主要体现交际者的亲疏关系、社会地位和权势取向等情感态度，例如，承诺、乞求、威胁、警告、质疑等话语。

第三，组合的意义。组合意义是体现语言单位个体和组合体的构成方式及其使用场合所形成的含义。例如，词与词组、词组与句子之间的结构形式和含义，以及在各种修辞、语用场合下形成的含义。

2．跨文化交际中的语言交际失误

语言的交际含义主要包括字面含义、话语含义、会话含义、说话人的语用含义以及听话人的理解含义等。从传统的语言学观点出发，语言是一种由语音、词汇、语法等要素构成的音义结合的符号系统。

由于语言交际符号具有鲜明的地域属性，从而导致语言符号在词形、读音、表义等方面具有明显的差别性，因而，在交际过程中要特别注意，避免由语言交际符号的差异性导致的交际失误。

（1）语音失误。任何一种语言都有自己独特的语音系统，西方语言是由元音和辅音拼读而成的，而汉语则是由声母与韵母拼读而成的，外加声调，对语音的把握程度也影响到交际的效果。外国人学汉语时既需要把握好读音，还需要掌握好语调，否则很容易造成交际失误。例如，外国人很容易将“加油[jiā yóu]”读成“加肉[jiā ròu]”，将“习惯[xí guàn]”读成“西瓜[xī guā]”等，“加肉[jiā ròu]”是对汉语拼音的声母[y]和[r]把握不准造成的，“西瓜[xī guā]”是由于对汉语拼音的韵母[uan]和[ua]把握不准造成的。

（2）语义失误。语言交际的特点之一是交际双方对词语的含义应有共同的约定，这是双方实现沟通的基础。然而，词义的内涵和外延通常会受到文化的制约，表现的是某个地域或国家特有社会文化背景下所形成的语义，具有鲜明的社会和情感特色。因此，不同文化背景的人对某一概念的理解与感受并不完全相同，有时甚至相反，这是导致跨文化语言交际障碍的原因之一。

词语意义往往会打上不同文化的烙印，字面意思相同，而联想意义、搭配意义、社会意义等却常常迥异，或部分相同，或联想意义在各自语言中具有唯一性。

第一，概念意义相同，而联想意义迥异。例如，“willow”（柳树）是一种非常普通的树，在中国和西方的文化，联想意义是完全不同的。在英美文化中，柳树常与悲伤或失去爱人联系在一起。例如，“to wear the willow”意指为某人的死而哀悼，“in the willows”或“the green willow”意为因失去心爱的人而悲哀。但在中国文化中，柳树常被赋予分离、思念的联想意义。如《诗经》云：“昔我往矣，杨柳依依。今我来思，雨雪霏霏。”这些古诗词均借柳树来抒发作者的离别思念之情。可见，各地域由柳树所产生的联想意义是不同的。

第二，概念意义相同，而联想意义部分相同。例如，汉语中的“爷爷”和“外公”与英语中的“grandpa”就具有不同的联想意义。在传统宗族制度影响下的中国，“爷爷”和“外公”除了亲属关系的意义联想外，“爷爷”是血亲关系的祖辈，而“外公”是姻亲关系的祖辈。英语中的“grandpa”就没有汉语中由于血亲和姻亲所产生的强烈的联想意义，而只是一种亲属关系的意义联想。

第三，概念意义相同，而在各自的语言体系中其联想意义具有唯一性。由于地理环境的差异以及气候和自然条件的制约，一些动植物在一国非常普遍，使人产生丰富的联想，而在另一国却相对稀少，几乎没有联想意义。例如，在英语中，“oak”（栎树）象征“勇敢顽强”，“palm”（棕榈）象征“胜利”，“daffodil”（水仙）象征“春天”和“欢乐”，产于北美洲“beaver”（河狸）象征“卖力气的人”，这些词在汉语中大多没有什么联想意义。同样，在汉文化中，牡丹国色天香，象征的是“富贵荣华”；“出淤泥而不染，濯清涟而不妖”（陶渊明《爱莲说》）的荷花象征的是“清廉正直”，这些词在英语里没有类似的联想意义。

（二）跨文化交际中的非语言交际

一切不使用语言进行的交际活动统称为非语言交际，包括眼神、手势、体势、面部表情、服装打扮、沉默、身体的接触、人际距离、讲话音量、时间观念、对空间的使用等。非语言交际包括在交际的环境中人为的和环境产生的对于传播者或受传者含有潜在信息的所有刺激。

1. 跨文化交际中非语言交际的特性

（1）非语言交际的多变性。非语言交际没有正式的规则和模式，没有固定的结构，需要综合分析周围的情况才能确定非语言交际所表达的意义。因为没有一套具有明确意义的符号，在不同的文化和交际过程中，相同的符号可能表示不同的意义。

（2）非语言交际的持续性。非语言交际是持续不断的，不受时间的线性特征制约。语言的信号是从口里发声开始，声音结束即结束的。非语言交际则是只要某人在你周围，交际就不算结束。例如，面试时，从面试者进入房间开始，即使还未开口，面试官便开始了对面试者的考察。

（3）非语言交际的鲜明性。在科学技术高度发达的今天，非语言行为的鲜明性随处可见。在机场、铁道边和高速公路上，用标示鲜明、一见即懂的符号发出各种指令，指挥交通，用清晰的图形标志来代替文字说明，这种方式更为简洁、直观、鲜明，人们理解起来也比较易懂。

（4）非语言交际的隐含性。非语言行为的隐含性在许多场合得以体现。例如，人们在做游戏或交谈时，使眼色或者打手势等都是比较隐蔽的非语言交际行为，这种传递信息的功能是语言行为无法替代的。

（5）非语言交际的普遍性。非语言交际的多种形式可以跨越不同文化而得到认可，它可以超越文化和国家的范围，成为国际社会公认的交际手段，这一特点是语言交际所没有的。不同文化的人们在表达高兴、气愤、害怕、惊奇等情绪时有着共同的面部表情，哪怕体育比赛中裁判的动作都可以不翻译而被各个地域的观众理解。

（6）非语言交际的辅助性。心理学认为，人际交往中传递的信息量，7%出自语调，38%出自声音，55%来自表情。然而，分析数字表明，不管非语言在交际中的作用有多大，其结构有多简单，使用范围有多么广泛，非语言行为都不能与语言相提并论。所以，从总体上而言，非语言交际处在辅助的从属地位。

当语言和非语言信息相冲突时，非语言交际是更受信任的形式。由于语言交际能够有目的地用来“欺骗”，所以人们将更多的信任置于非语言的暗示中。虽然非语言行为也能蒙上假的面具，但除经过特殊训练的人以外，一般人不易有意控制，有时甚至完全处于无意识之中。如害羞时满脸通红，害怕时脸色苍白、手脚发抖，特别是心跳、呼吸速度、体温、瞳孔的变化等都比其他动作更难以控制。所以非语言行为相对来说更为真实和可信。

2. 跨文化交际中非语言交际的功能

（1）重复功能。非语言交际可以单独起作用，重述交际信息。例如，当给别人指路时，在口头指出后，再用手势等指明方向，这就是一种重复。又如，在买包子时，可能会说要两个包子，同时，伸出两个数字，表示“两个包子”。此时，非语言信息与语言信息相互重复。在讲授汉语生词和句子意思时，教师用汉语讲过之后，如果学生不能很好理解，可以适当用非语言手段来重复生词或句子，从而达到预期的教学效果。

（2）替代功能。在一些特定场合，不能或不便用语言发出信息，此时，往往用间接、曲折、较隐晦或委婉的非语言方式来代为传达某种信息。例如，在中国古代，主人需要客人离开时，就用倒扣茶杯的方式告知客人需要现在离开；在西方面试时，考官对应试者不满意，则故意装出坐立不安的样子。在汉语课堂上，非语言行为可以作为掌控课堂的重要手段，如在学生喧闹时，教师可以将食指放嘴巴前，做出“噤声”的手势，学生便能很快领会教师的意思，并安静下来。

（3）强调功能。强调功能主要用来强调语言信息或其他非语言信息的特别或重要之处，运用非语言手段使语言的内容更加鲜明、突出，此处的非语言手段同语言手段共同表达一致的内容。例如，一位演讲者在演讲中总以停顿强调要点，或者用比平时更大的声音，也可以强调语言信息。作为国际汉语教师，每节课的重难点要加以强调，语言上的强调可能会引起学生的反感或者使学生产生畏难情绪，不妨通过非语言手段，更能达到引起学生重视的目的。

（4）调节功能。交谈时，人们常常以手势、眼神、头部动作和停顿暗示自己要讲话、已讲完或不让人打断。非语言交际可以帮助调节人际交流时产生的来往信息流，调整对话的节奏。例如，在两人对话中，有一方常常以点头、改变语调、拍对方的肩膀等暗示对方继续说下去或住口，从而起到调节两人之间交流的作用。汉语作为第二语言的教学，以操练为主，每个学生都应开口说汉语，学生说汉语时，教师应给予更多的耐心，适当提醒并加以肯定和鼓励，使学生尽可能多开口，而不是“一言堂”式的教学。

（5）补充或辅助功能。非语言符号是语言沟通的辅助工具。非语言行为可以对语言行为起到修饰和描述作用，它伴随语言而出现，能使语言表达更准确、更有力。例如，教师问同学：“完成作业了吗？”学生回答：“当然完成了。”然后用手做出一个“OK”的手势。在领读汉语生词或纠正学生的发音时，教师可以边读，边用手势标调，这样可以借助手势来辅助教学。

（6）抵触或否定功能。有时，非语言信息与语言信息不一定相一致，语言传达的并非真正的信息，而非语言行为传达的反而才是真正的信息。例如，一些人口头说：“我一点儿也不紧张。”而他的声音及手脚都在发抖，这种情况下，人们往往更倾向于相信非语言信息。教师的非语言手段表达的信息应尽量与语言信息保持一致，不然很容易误导学生，因为学生在不理解汉语语言时，可能会依靠非语言信息，这时，非语言信息与语言信息的一致性至关重要。

3．跨文化交际中非语言交际的形式

（1）体态语。体态语是指用身体动作来表达情感、交流信息、说明意向的沟通手段，包括各种面部表情、人的姿态、手势以及其他非语言手段，如皱眉、张嘴、摇头、眨眼等。常见的体态语有：①点头和摇头。中国人一般习惯于用点头来表达肯定的意思，而用摇头来表示否定的意思。在日常交谈中，许多人都直接用点头或摇头来表达意义，而不使用语言。点头和摇头就是一种最常见的非语言交际。②身体姿势。身体姿势也是一种非常常见的非语言交际手段。例如，中国人伸出大拇指表示称赞，弯腰、鞠躬表示敬礼，将食指竖立置于嘴唇前面表示噤声等，这些都是常见的非语言交际手段。③面部表情。面部表情也是一种常见的非语言交际手段。许多人的喜怒哀乐都可以通过面部表情来表现。例如，微笑一般表示高兴，哭泣一般表示悲哀，当然，喜极而泣是一种例外。④身体接触。例如，拥抱、握手、击掌等都是非常实用的非语言交际手段。

1）体态语的主要特点。身体行为即体态语。体态语是非语言交际的重要组成部分，任何与身体有关的动作、神态都属于体态语的范围。比较常见的身体语言包括面部表情、眼神接触、手势、触碰、长相、穿着、气味等。体态语一般具有以下特点：

第一，体态语通过身体动作或姿势传递信息。握手表示见面致意，拍脑门表示懊悔，频频捶胸表示悲痛，不停搓手表示为难，手指不停敲打桌面表示思考或漫不经心。这些身体语言都在表达传递着信息。

第二，在一个地域或文化里，用怎样的体态语来表示哪些意思，是约定俗成的。违反了大家约定的规则，不是引起交际中断，就是引起误解。当世界大多数地域都以点头表示赞成或同意，摇头表示反对或不同意时，保加利亚人和尼泊尔人则以摇头表示同意，点头表示反对，如不知道这一不同的规则，则会引起交际中断。

第三，体态语可以是有意识的，也可以是无意识的。例如，在害羞时，人会不自觉地脸红；如果精神上受到强烈打击，则脸色发白；在强烈的愤怒受到抑制无法爆发时，则脸色发红，这些都属于无意识行为。又如，一些人在演讲时，为了提高演讲的可信度与感染力，常常有意识地控制自己的肢体语言。

第四，体态语是以心理肌肉活动为基础的身体动作或动作停顿下来的姿势，诉之于人们的视觉、听觉、触觉、动觉。有声语言诉诸人的听觉，而体态语却能从各个渠道感知。由于极度兴奋、激动或愤怒，一个人会呼吸急促，胸腹部起伏不停，体会这一情感，就不仅仅要靠听觉，还要多渠道感知，综合分析。

第五，体态语可以单独使用，也可以与语言、伴随语言及其他体态语配合起来使用。人一旦开口说话，就会伴随一定的体态语，没有一个人说话时全身僵硬、面无表情，只是有些人多一点，有些人少一点。例如，在交谈时，若听者不时给予话语上的反馈，并且身体略微向说话者倾斜，并伴随微笑与注视，可以通过其语言与体态表示听话人的热情或对说话人的话语感兴趣。

第六，体态语可以是从体细胞发展起来的，即先天遗传的，也可以是后天学来的。例如，一个人走路的姿势多是无意识的，却能传递某种信息。如果一个人步履急促，面色慌张，则说明他很有可能在赶时间，而模特走秀的姿势多是经过专业训练的，他们的走路姿势给人以美的享受。

2）体态语的种类划分。体态语用来传递交际信息的表情和动作，是非语言行为中非常重要的构成成分，包含面部表情、眼神接触、姿势、手势、行为举止以及触觉等方面的动作。体态语和有声语言相同，也是文化符号，在跨文化交际中很容易产生误解。下面我们从面部表情、眼神接触、手势、姿势、体触等五个方面进一步了解体态语在不同文化中的差异。

第一，面部表情。人类的面部表情千变万化，内心有喜、怒、哀、乐、爱、恶、欲之感发，马上会在脸面浮现出来。有五种情绪表情容易辨认出来：生气、害怕、快乐、悲哀及惊讶。面部表情是人们传递感情的主渠道，也是分析他人感情的主渠道。面部表情是交际过程中加强或削弱谈话内容的基础，也是对外传播内心感觉和感情的途径。西方人在表达自己的兴奋、愤怒、惊奇等感情时，会伴有明显且稍夸张的面部表情，而中国人则通常会被认为喜怒不形于色，心里的想法不会很直接地表现在面部表情上；但是，面部表情在表演艺术上，有很大的作用。例如，中国的京剧，每一种脸谱都很清楚地代表着忠、奸、善、恶等个性或角色。

成年人具有的多种基本情绪，如愉快、悲伤、愤怒、惧怕、惊奇、厌恶等，在婴儿早期即已出现，这些情绪的面部表情不需要在社会学习，随着与成人的接触，几个月大的婴儿就会出现社会性微笑。所以，情绪虽具有先天的性质，但它从儿童出生起就同时逐渐具有了社会的性质。情绪和语言相同，是人们在社会生活中自然而然学会的，但它也同语言一样需要学习和使用、掌握和修饰，这种习得的情绪及其外在表现，不可避免地受文化影响。

面部表情需要明晰显露规则的概念，它表明每种文化都发展了一系列的规则，这些规则指导个人显露社会所认可的行为，它表达个人在一定的条件下所体验的情绪。需要注意的是，不同文化有不同的显露规则，中国人的面部表情不是特别的丰富，因为中国是一个含蓄的国家。在中国，人们强调的是群体性，共同发展，珍视人与人之间、人与自然之间的和谐，人们之间相互依赖，以集体情感为重。因此，当个人的感情与他人或集体的感情或气氛不一致时，个人往往会抑制感情的表露。

通常情况下，不同语言的各国人民在用面部动作抒发情感时基本状态是相通的，只是在反应速度和表达程度方面的差异较明显。西方人比东方人更显外露，东方人则显得内向和持重。也有一些特殊情况，如澳洲的土著人张嘴吐舌瞪眼表示友好和欢迎，但不了解情况的人可能被此表情吓住，因为在大多数国家里这些表情表示反感。我们可以从各种影视节目中看到各国演员表达剧情时的面部表情，体会到他们与我们国家之间在面部表情方面的广泛的一致性和存在的部分差异。

在课堂中，面部表情对我们的教学至关重要，教师面部表情的基调应是微笑，反映教师对学生的喜爱，和讲授知识的愉快心情。教师若总是摆着严肃的面孔或皱着眉头，则会传染消极的情绪给学生，加重学生的心理负担，影响教学效果。在讲授感情色彩的词语时，也可通过教师的面部表情来表达词语的意思，如讲“高兴”这个词语时，教师可以露出笑容；讲解“难过”时，可以露出悲伤的神态。

第二，眼神接触。人类的眼睛不仅会说话，而且是心灵之窗。眼神能辅助语言传递出大量信息，从眼神中往往能表现出喜爱或厌恶、尊敬或轻蔑、生疏或亲密等情感信息。例如，与不喜爱的或生疏的人谈话时，看对方的次数会较少，而当我们希望得到别人的赞同和注意时，看对方的次数就会增多。特殊情况下眼神甚至能替代语言单独传递信息，例如，在有第三方存在的情况下，有默契的两个人通常通过眼神传递不希望第三方知晓的简短信息。

来自不同文化的人们，用眼睛沟通的方式，也常常有所差别。一般而言，英语国家的人们目光交流时间更长而且更为频繁，他们在讲话时会看着对方的眼睛，以表示对对方的尊敬和对对方谈话内容的关注，他们认为缺乏目光交流就是缺乏诚意，为人不诚实不可信赖。而在中国、日本和泰国等国家，人们会尽量避免直接的目光接触，认为直视对方的眼睛是不礼貌的行为。

在跨文化交际课堂中，适当地运用目光语言，可以提高教学的效果。教师注视的对象应视情况而定，可以时而环视全班学生，时而注视部分学生或者个别学生，要将教师的目光公平、均匀地分配给每位学生，让每位学生都能沐浴在教师温暖的目光中，感受到教师的关注，从而使学生整堂课始终保持较高的兴奋水平和警觉状态。教师根据教学要求可以长时间地注视学生，也可以迅速扫视学生，或者给学生一瞥。教师的目光应该坚定，不能飘忽不定，否则容易给人一种紧张、不够自信的感觉。在课堂教学中，教师应该尽量使用正向的目光，少用负向的目光。

第三，手势。手势语是通过手和手指的动作和形态来代替语言交流和表达思想，它是人类进化过程中最早使用的交际工具。手部动作最多，也最为细腻生动，因为手比较灵活。手势语可分为三类，即自闭式手势、技术性手势及习俗手势。自闭式手势是反映个人内心情绪的，是个人的一种行为习惯，与文化关系较小，例如，有的人紧张时习惯咬指甲，有的人用跺脚表示不耐烦。技术性手势指的是特定行业或特定场合通用的可以学来的手势，如聋哑人的手势语，裁判、音乐指挥等用的手势。习俗手势作为整个文化的产物代代相传，因此最具有文化特色。

人们对动作和手势等符号赋予的意义呈现出文化的差异。同一个手势在不同的文化中代表不同的含义，在中国，把大拇指向下，意味着"向下""下面"；在英国、美国、菲律宾，大拇指朝下含有"不能接受""不同意""结束"之意，或表示"对方输了"；墨西哥人、法国人则用这一手势来表示"没用"或"运气差"；在泰国、缅甸、菲律宾、马来西亚、印度尼西亚，拇指向下表示"失败"；在澳大利亚使用这一手势表示讥笑和嘲讽；在突尼斯，向下伸出大拇指，表示"倒水"和"停止"。

教师讲课时都需要配以适度的手势来强化讲课效果。手势要得体、自然、恰如其分，要随着相关内容进行。一般而言，手势由进行速度、活动范围和空间轨迹三个部分所构成。在教学中，主要被用以发挥表示形象、传达感情两个方面的作用。手势的使用对讲授发音与声调非常必要，在领读生词时，可以边读边用手势演示出生词的声调，在学生分不清平舌与卷舌时，教师做出平舌或卷舌的手势，这比用声音纠正更方便、清晰。

第四，姿势。交际中身体动作多种多样，但每一种姿势在特定的文化中都传递着一定的信息。以坐姿为例，在跨文化交际中意义各异。中国人认为应该站有站相，坐有坐相；在德国等一些欧洲国家也对坐姿要求较严格，认为懒散的姿态是一种唐突无理和粗俗的举止；美国人在自己家里和私人办公室里非常随便，常常是随意地坐在椅子里；在日本文化中，男性坐姿和女性坐姿差别较大。一般而言，日本女士只能双膝跪地，上身直立，臀部搁置双脚而"坐"，而男士则可以双腿向前盘结，臀部落地而坐。坐姿不对，则会被认为有失大雅，不合时宜。

第五，体触。体触行为是非语言文化交际的重要内容。语言学中对体触行为的研究，有人称之为"触觉交际"或"触觉沟通"。非语言交际中甚至还有专门研究体触行为的学科，即“体触学”。体触行为属于动态无声语言，是一种非常复杂的语言符号系统。体触分为五类：功能、社交、友爱、情爱、情欲。医院里的医生检查身体、理发师理发触摸头和脸、按摩师按摩身体等属于职业性的触摸。社交性质的触摸包括握手和礼仪拥抱。亲友分别许久，再次见面时亲切地握手和拥抱则属于友爱的类型。

有些地域的身体接触比较多，而有的则比较少。根据身体接触多少的差异，我们可以把文化划分为接触性文化和低接触性文化。一般而言，气候暖和的国家多属接触性文化，气候寒冷的国家多属低接触性文化。接触性文化包括大部分阿拉伯国家、地中海地区（包括法国、希腊、意大利）、东欧及俄罗斯、印尼及西班牙等。低接触性文化包括北欧大部、德国、英国和美国的盎格鲁-撒克逊族以及日本。澳大利亚居于两者之间。对于这种划分，一种解释是气候的影响作用：气候寒冷的国家人们主要关心尽快把工作完成，因而人际关系趋于冷淡；气候温和的国家人们常在户外活动，人际交往密切。但是这个解释仍有例外，因此不能绝对视之。

以东西方文化的代表中国和美国为例，体触行为在中西之间存在差异的原因要追溯到各自价值观念的不同。中国文化的群体取向和美国文化的个体主义是中美文化在价值观念上的根本区别之所在，也是理解中美文化种种差异的关键。群体取向的文化不具备领地意识，个体取向的文化注重领地观念。

（2）时间语和空间语。

1）时间语。用时间表达出的信息符号称为时间语，它研究的是人们对准时、及时、延时，时间的早、晚、长、短，过去、现在、将来等概念的理解。在沟通的过程中，时间像面部的表情或举手投足的动作一样，是会说话的。

第一，时间语的类型。人们认知的时间可以分为三大类：正式性时间、技术性时间以及非正式时间。正式性时间指时间的区分单位。人类按照太阳与地球运转的关系，主观性地把时间划分成季、月、周、时、分、秒等计算单位。这种划分只是为了人类行事的方便起见。技术性时间和行话相同，非专业或业内人士很难了解个中意义。如回归年、恒星年、近点年与交点年这些时间的表示。非正式时间是人类生活的时间，这种时间观念来自我们对正式时间的认知。人们常说的“一寸光明一寸金”“消磨时间”等都是属于非正式时间的说法。

和朋友说“待会儿见”时，如果是对美国人或爱尔兰人，这个时间大概是 15 分钟；对美洲印第安人，则没有意义；对中南美洲人，可能是一或两小时。若是“明天”这个概念，对美国人就是指过了午夜的“明天”，但对阿拉伯人、印度人与西班牙人而言，并不见得意味着字义上的明天。时间还可以从单线性和多线性的角度来认识。单线性时间取向以北美与北欧诸国为代表，他们将时间当作一条前进的直线，不仅可以片段化，而且还可以加以经营管理。因此，时间既可以节省下来，也可以挥霍出去。在单线性时间取向的影响下，人们凡事受制于手腕上小小的手表，依靠计划而行。因此一个时段只能做一件事,时间约定后,早到或晚到 10 分钟以上,在社交上就算失礼。所以，准时是单线性时间取向文化的主要特色。

南欧、拉丁美洲与中东国家属于多线性时间取向的地区，这些地区的文化并不是将时间具体化到好像可以看得到或摸得到，并且可以分段加以经营管理的实体。他们的人际关系以和谐为主，准时或不准时是次要的，甚至不是问题。因此，同一个时间安排好几个约会乃是常事。

关于时间语，还要知晓长期导向性时间与短期导向性时间。长期取向的文化关注未来，注重节约、节俭和储备，做任何事均留有余地。例如，一个国家以长远的目光来进行投资，每年的利润并不重要，最重要的是逐年进步以达到一个长期的目标。在短期取向的文化里，价值观是倾向过去和现在的。人们尊重传统，关注社会责任的履行，但此时此地才是最重要的。在管理上最重要的是此时的利润，上级对下级的考绩周期较短，要求立见功效，不容拖延。

第二，不同国家时间观念的主要差异，见表 4-1。

表 4-1 不同国家时间观念的主要差异

国家名称	时间观念
美国	准时的观念在美国人的生活中是被看重的。一个人如果不知道守时，就常被看作是傲慢或不负责任
日本	日本人的时间观念几近苛刻。在东京，城铁地铁时间几乎精确到用秒来计算
加拿大	加拿大人有很强的时间观念。原因与气候的寒冷有很大关系，因为天冷引起交通不便，使得赴约者在路上所耗时间较长，如果不准时，很可能给准时的一方带来困扰。另外，加拿大冬天漫长，许多公司在冬季工作时间短，加上当地人生活观念重，下班准时，不愿加班，因此上班时间的工作约会安排十分紧凑，如果有一个迟到，后面的都会受影响。此外，加拿大幅员辽阔，跨越好几个时区，那些需要跨区联系的人和公司若无极强的时间观念，很可能因错过对方上班时间而误了大事。因此，极强的时间观念便成为加拿大人很鲜明的特色

续 表

国家名称	时间观念
德国	德国人的时间观念，不仅仅是表现在处理事情和对时间安排的遵守上，更体现在对时间的珍惜上。德国人讲求既不浪费时间，也不吝啬时间。不仅如此，德国人的时间观念还体现在他们对秩序与系统的重视。他们等人时，习惯上是不超过 3 分钟的，甚至会将守时视为一种信仰，并为时间所支配。所以，德国人到点开会，严格守约，迟到必须事先打电话告知，在指定的时间内完成各环节的工作

由表 4-1 可见，对比不同国家对时间的不同认识，可以得到以下规律：①不同国家的时间观念与所处的自然条件（包括气候、地理面积、地形等生存条件）有关系。如加拿大冬季寒冷而漫长并且幅员辽阔，如果不守时将会带来很多麻烦，所以加拿大人对时间的把握很重视。②时间观念还受到所处的文化背景影响。从形态上主要有循环时间观和线性时间观两种。中国人的传统想法是“轮回”“循环”，而在西方人的意识里，时间则是线状延伸的。西方受单时制影响较大，教师若到西方国家任教，一定要加强自己的时间观念以适应教学，务必遵守时间，保证每节课的教学时间的合理安排，不要过早开始讲课，更不要拖堂。

2）空间语。用空间表达出的信息符号称为空间语，它研究的是交流者之间的距离、位置的安排等方面。间距、空间或距离学研究人类或动物使用空间来彼此沟通的过程。空间可以交流信息，生物与外界间的关系除自己的肉体界限（对待体触的态度）以外，再向外扩展还有一个“有机体的领域”，“领地性”是要求自己有一个领地范围并对这一范围加以维护的行为。所谓“空间语言”，就是人类利用空间表达某种思想信息的一门社会语言。

人的空间观念是后天习得的，因此，人们的领地要求和空间关系在每种文化中都有其特定的规则和程序。文化不同，人们对空间的需求和与空间有关的交际规则也不同，如体距的差异；文化不同，空间范围所引起的联想和感觉也不同，如对个人领地的不同态度；文化不同，有关空间和距离使用的价值观念也不同，如利用空间距离显示地位差异。正因为存在着文化差异，在跨文化交际中，人们会因为他种文化的人对空间处理的方式不同而责备其过于莽撞，甚至认为他们无礼地侵犯了他人的领地。

第一，空间的范围。空间范围可以分成三种类型：①固定空间，即由固定的墙栏和物体构成的空间，如房间，房间建成之后是无法移动的，这种空间的设置对人与人之间沟通的影响比较小，但是对人心理的冲击有时很强烈。②半固定空间，即由桌椅板晃之类较大物体构成的空间。例如，公司内座椅不同的摆设，会影响到员工的士气与公司的生产力。不同文化价值取向，也造成办公座椅摆设的差异。例如，美国公司大多力求每个员工都有独自的办公空间，若空间不足，经理人员至少会有独立的办公室，雇员也尽量有个隔墙空间。日本人对集体主义的重视也表现在办公室座椅的摆设。很多日本公司的办公桌椅的摆设，就像教室一样，经理的座椅在最前面，可以随时环顾或监控所有员工。③非正式空间，指围绕人们身体的空间，也是人际交往中近体距离和领地要求，具体可以分为亲密距离、个人距离、社交距离与公共距离四类。

第二，空间利用。人们对空间的利用主要包括五个方面，见表 4-2。

表 4-2　人们对空间的利用的内容

空间利用	具体内容
拥挤	拥挤是人们觉得空间受到限制时产生的一种心理感受，拥挤感源于个人空间受到了他人的影响，个人行动自由受到了妨碍
领地观念	空间观念的核心就是个人领地的所有权以及对这种权利的维护。领地范围是维护人的完整、自由、独处和安全所要求和必需的身体、社交和心理等方面的空间。行为科学家一致的看法是，领地性存在于人的行为之中，它有助于调整社交活动，但也会成为社交矛盾的根源。文化不同，领地观念也会有所不同，这种差异在跨文化交际中造成社交冲突的可能性就更大
空间与取向	空间的一个重要组成部分是取向。取向与领地范围密切相关。空间不仅指水平距离和取向，还有一个高低取向和距离问题。取向是对人、社会和世界所采取的态度，涉及地位高低和先后次序问题。例如，在美国，除了技术上和实用要求以外没有哪一个方向优于另一个方向，空间大多由技术人员按坐标确定位置。世界上其他许多文化则有朝向要求，例如中国人向来重视住房的朝向，尤其是在中国北方，都以坐北朝南为好
座位安排	座位安排是利用空间位置表示个人地位和人际关系的一种重要形式。从家庭到社交场合，从餐厅到会议室，座位的选择都可显示出人的地位和人际关系。在位置安排方面，例如，在家庭的小聚会中，西方人会将主人安排在主位，之后将比较重要的客人安排在主人旁边，而在中国，存在着上下分明的规矩礼仪，所以会将辈分最高或是年龄最高的安排在上座，主人通常会坐在比较容易招呼客人的位置
近体距离	研究人际间如何利用距离进行交际也是跨文化非语言交际的一个专门的领域，称之为近体学，就是通过对人们利用不同的近体距离的行为进行辨析，了解其心理活动的研究。空间的变化可以影响交际，起到加强交际的效果，甚至还可以超越语言的作用。人们交谈时相互间距离及其变化是整个交际过程中不可分割的重要组成部分。 交际距离主要可以分为：①亲密距离。亲密距离相互之间从身体接触到相距不超过 0.45 m。从心理学的角度，这一区域是属于自己的，关系不亲密者进入这一范围就会引起威胁感。在这一范围内往往是窃窃私语，谈论的都是绝密的事情。②个人距离。个人距离约为 0.3 ~ 1.2 m，这是朋友间谈心的距

续 表

空间利用	具体内容
近体距离	离，所谈内容一般是个人的私事，谈话声音不高，而且柔和亲切，当然户外谈话音量要比室内高。③社交距离。社交距离相距 1.2～3.6 m，这是社交的正常距离，谈论的内容一般是非个人事宜。在这种距离谈话，音量适中，对无关者也不保密。④公共距离。公共距离通常在 3.6 m 以上，在这种距离内讲话声音很高，谈话内容不涉及个人私事，一般适用于讲课、演说、演戏等场合

（3）副语言、沉默语及客体语。

1）副语言。副语言也叫伴随语言，它指的是人类沟通时声音、声调或音色的使用与变化，是伴随语言的一切声学现象，它通过音调、音量、语速、音质的清晰度和语调起到语言的伴随作用。常见的是用某种声音代替一句话的含义，如用发抖的声音代替“我很冷”。

副语言可以分成三个部分：即作为语言基础的声调以及作为语言伴随的音质和浊音化。声调包括音调的高低、声音的响度和力度。音质指音调、声门、节奏、发声共鸣、语速等的控制，它可以是尖叫、鼻音、有节奏的声音等，有时它能传达人们的感情。浊音发声指诸如笑、哭、清嗓子声、哼哼声、啜泣声、喷嚏声、呼噜声等。非语言声音同沉默语一样也带有文化的烙印。例如，口哨在英语国家十分普通，它常常用来向远处的人打招呼，辅助鼓掌或欢呼，或者作为自娱自乐的一种方式，而并没有轻视或嘲笑的含义。而在中国，在公共场所吹口哨常常被当作一种不礼貌的行为。

副语言在教学中发挥着重要作用。对教师而言，讲课的语气、语调、语速、重音、停顿、音量等，都有极为重要的作用，是教师必须拥有的教学语言技巧。一般而言，亲切舒缓的语气，会让学生有如坐春风的感觉；抑扬顿挫的语调，能调动起学生的学习兴趣；张弛相间的语速，有利于学生进行思考；响度适当的音量，会带给学生最佳的美感刺激。同时，教师的语言应简练，减少嗯、啊之类不必要的发声，一些口头禅也应尽量减少。例如，上课铃响了，同学们还没有进入状态，还在小声议论，这时，教师就可以轻轻咳一下，并用余光注视还在讨论的同学，这样，同学们就意识到上课了。

2）沉默语。沉默语属广义语言学范畴，其本质是一种符号。沉默的意思需要依赖具体的语境，在日常交往中，“沉默”常常表示话语的缺乏，即交际的缺乏，表示冷淡，甚至敌意。

第一，“沉默语”的语用特征。“沉默语”在交际过程中的语用特征主要表现为：①实在的交流中的停顿和讨论以及演讲中的间歇行为。②表露社会文化特征的间歇行为。中国人对语言的态度较为谨慎，我国传统文化要求人们应少说话、多做事。夸夸其谈的人往往被视为无诚意或肤浅。另外，在世俗纷争或流言蜚语面前能沉得住气，在交往中，十分理说七分。③传达心理语言过程中的间歇行为。语言表达中的“沉默”往往反映交际者的心理活动过程。例如，面试时回答主考官的提问，通常面试者允许有思考的时间，但是长时间（如超过10秒）的沉默会使气氛很紧张，且给主考官留下思维不够敏捷的印象。

第二，沉默映射不同的文化特征。沉默是一种文化现象，带有鲜明的文化特征。有着不同文化背景的人，对沉默的态度和解释是不同的。东方人对沉默给予了更多的积极意义，而西方人则给予了更多的消极意义。

例如，中国人重视交谈中沉默的作用，认为停顿和沉默有丰富的含义，它既可表示无言的赞许，也可以是无声的抗议；既可以是欣然默认，也可以是保留己见；既可以是附和众议的表示，也可以是决心已定的标志。日本人更是认为沉默表示敬意、顺从和友好。而在北美和北欧国家，沉默具有阴郁的、消极的含义。

在跨文化交际中，只有知己知彼，才能尽可能地减少误解。对沉默现象的研究，既为我们提供了不同文化的背景知识，又指导我们在跨文化交际中，要睁大双眼，敞开心扉、敏于观察、求同存异，从而更好地参与跨文化交际。在日常交流中，沉默有着不可替代的作用，在教学中，沉默亦非常重要。教师的沉默具有控制调节、启示、代替、判断以及辅助五种功能。教师的沉默应遵循适切与适度原则。教师的沉默在管理课堂纪律与处理个别冲突的问题上都有重要作用。教师的沉默不是对课堂教学的不负责任或回避，而是以学生为中心的体现，给予学生一定的思考时间，同时，引导学生自主学习。在国际汉语课堂中，由于受文化因素的影响，对教师要求更高，教师在沉默过程中应辅以适当的动作、表情和眼神等非语言符号，沉默应适时，并正确把握沉默的时长，更要根据学生个体的实际情况选择沉默与否。

3）客体语。客体语包括皮肤颜色、气味、衣着化妆、家具等。从交际角度，这些用品都可传递非语言信息，展示使用者的文化特征和个人特征，因此也是非语言交际的一种。下面主要阐述客体语的服装、饰物和化妆、身体气味、环境四个特征。

第一，服装。服装除了保暖、舒适美观的作用外，还具有文化展示的功能。通过服装可以看出一个人的职业、地位、爱好、价值观念、性别、年龄等。因此，在某种特定的场合应该有某种特定的着装。事实上，在某些交际场合，如面试、集会、宴会等对穿着的要求已经确定了一套常规。我们都习惯于根据个人的衣着、发式、化妆等去寻找体现他个性特征的线索。

在中国古代时期，黄色是统治者服装的颜色，而对官服的颜色、花纹、样式也有极严格的规定。在现代社会中，服装往往成为职业和身份地位的象征，并与场合有着密切联系。不同的场合也对服装有一定的要求。正式场合对于服装要求比较正式；而非正式场合的着装要求比较随便。例如，在西方国家，交际场合往往还根据不同场合分别提出衣着正式、非正式和随意式的要求，邀请人赴宴或参加某种活动的请帖上都要标明衣着要求。西方人很注重通过服饰显示自己的地位和身份，男性衣服的质量和女性服饰都可体现这一特点。

第二，饰物和化妆。饰物包括头饰、首饰、耳饰、胸针等。西方人有戴戒指的习俗，已婚女子常将戒指戴在左手无名指上，因此，戒指可以显示婚姻状况。女士在交际场合常佩戴耳环，青年男子有时也戴一只耳环，以示男子气概。西方女士在交际场合有盛装打扮的习惯。除衣着外，脸部化妆和美观的耳饰也是必需的。年轻人化妆淡一点，年老者浓一点，白天稍淡，晚上稍浓。教师、律师等衣着正规保守，化妆比较庄重。东方女子崇尚皮肤白嫩，常用增白霜、防晒霜保养皮肤。西方女子以晒黑的皮肤作为健康的标志，常进行日光浴。

第三，身体气味。身体气味也是非语言交际中的一个重要研究内容。影响体味的因素有种族、性别、年龄、心情、饮食、健康状况等。在跨文化交际中需要注意两点：一是正确对待来自不同文化背景的人的身体气味，即身体气味的文化差异；二是养成良好的卫生习惯并认真对待因某种原因而产生的自己特有的不良气味。

第四，环境。环境是沟通发生的心理和物理背景，包括沟通场所的家具、建筑设计、照明条件、氛围、气味、颜色和声音，还有态度、感受、看法以及参与者之间的关系。在互动的时候，环境影响着个体、他们的准备状态以及他们对重要事情的看法。最好的环境可以使说话者的本意得到准确地传达。例如，柔和的背景音乐、微弱的灯光、壁炉里燃烧的木柴、一托盘开胃小吃和两盏烛光，就能为浪漫的邂逅者营造一个完美的环境，但是却不适合赛前动员会。对教师而言，环境主要是教学环境，对教室的精心布置是影响教学的重要因素。

二、跨文化交际的汉语教学

（一）跨文化交际与第二语言文化教学

跨文化交际与第二语言教学的关系十分密切，第二语言教学是一种涉及跨文化交际的教学活动。第二语言教学与跨文化交际学最大的交叉点是培养跨文化交际能力，因为第二语言教学的目标就是培养语言学习者的跨文化交际能力。而第二语言教学中的文化教学与培养跨文化交际能力的关系尤为密切。因此，汉语教师不仅需要具备跨文化交际的能力，而且还需要具备培养学习者跨文化交际能力的教学能力。

1. 第二语言文化教学的内容

在汉语教学界，一直沿用“交际文化”和“知识文化”的划分，可以从教学的角度把汉语教学中的文化教学分为语言中文化因素的教学和语言知识的教学。为了体现汉语教学中文化教学的特点，突出培养跨文化交际能力，人们把汉语教学中文化教学的内容分为三类：语言中的文化因素、客观文化、主观文化。

（1）语言中的文化因素。语言中的文化因素分为语构文化、语义文化和语用文化。其中语义文化和语用文化是语言中文化因素教学的重点。不了解词汇的文化内涵会引起跨文化交际中信息传达的错误，不了解语言使用的文化规则会出现交际的障碍。对汉语学习者而言，学习汉语词汇和语用中的文化因素有利于提高汉语交际能力和跨文化交际能力。一般而言，语言中文化因素的教学是在语言技能课堂上进行的，最能体现语言教学与文化教学相结合的特点。语言中文化因素的教学应该包括以下五个方面：

第一，一般词汇的文化内涵和跨文化差异，如“个人主义、隐私、发福、龙、狗”等一般词汇的概念意义在很多语言中都是基本相同的，但是这些词的象征意义、联想意义和感情色彩却有文化的差异，容易引起跨文化交际中的误解。

第二，“文化词汇”的内涵，如汉语的“华表、端午、孝顺、中庸、四君子、缘分、红包、关系、面子”等，这部分词语往往具有特定的文化内涵，在其他语言中找不到能准确对应的词语或概念。这部分词汇是跨文化交际理解方面的难点。

第三，言语行为的实现方式，如问候、感谢、道歉、邀请、称赞、请求、拒绝等。这些内容既是语言功能教学的范畴，也是语用文化教学的内容。所不同的是功能教学关注的是说什么和怎么说的问题，而语用文化教学关注的是为什么这样说的问题。

第四，影响语用的语境因素，如性别、年龄、职业、场合等因素是如何影响语言使用的，亲疏关系与权力距离等文化因素是如何影响汉语中的礼貌表达的。

第五，语言使用规则背后的文化意义或原因，这是语言课堂中的文化教学常常忽视的内容。只有理解了语言使用规则背后的文化原因，才能准确把握语言及文化的特点，避免刻板印象。

（2）客观文化。客观文化一般也是知识文化和“大文化”的内容。这部分的文化内容主要包括地理、历史、文学、艺术、经济制度、家庭制度、风俗习惯等。客观文化的特点是明晰且具有系统性，适合在语言教学中采用讲解或提示的方法，或者开设专门的文化课程来处理。需要注意的是，客观文化的教学不是仅罗列文化的事实，而是要挖掘文化事实背后的文化意义或观念，这样才能使学生把握这种文化的本质特征和精髓。中国文化知识的教学应该包括以下九个方面：

第一，地理与环境。中国的地理如地形、气候、河流等方面的特点，中国人对自然环境的利用和改造。主要关注中国的自然环境对于中国人生活方式和民族心理的影响，以及中国人对待自然的态度和价值观。

第二，历史。中国历史上的重要事件、历史人物和文明成就，主要关注历史及传统对于当代社会和人们观念的影响，人们对待历史及传统的态度，人们对待历史人物的观念和态度。

第三，家庭和婚姻。中国人的家庭结构、家庭关系、居住条件、择偶标准、婚姻观念等。主要关注中国人家庭成员之间的关系模式，以及对于家庭和亲情的观念。

第四，教育制度。中国人对于教育的态度和观念，教育的内容和方式，学生学习的方式，师生关系等。主要关注中国的教育方式和观念方面的特点。

第五，传统思想。儒家思想、道家思想等。主要关注这些传统思想的核心观念，如仁、礼、孝、中庸、顺应自然等对于中国当代人们行为方式和价值观念的影响。

第六，艺术。中国的书法、绘画、建筑、戏剧等。主要关注这些艺术形式是如何体现中国人的审美观、自然观及思维方式的。

第七，文学。文学名著、文学典故、文学形象、著名作家等。主要关注文学作品和文学典故中反映的中国人的行为方式和价值观念，中国人对待人生、自然、人际关系的态度。特别关注已深入人们日常生活当中的文学形象具有的品格特征和体现的文化内涵。

第八，风俗习惯。中国人的饮食、居住、节日、服饰、婚礼、丧礼等方面的风俗习惯。主要关注中国人的风俗习惯所体现的民族心理和价值观念。

第九，休闲生活。中国人在日常生活中的体育健身、娱乐游戏、旅游等方面的特点。主要关注这些休闲活动体现的中国人的生活态度和审美情趣等方面的特点。

（3）主观文化。主观文化一般也是“小文化”的内容，包括价值观、信仰、思维方式、人际关系、社会交往、非语言行为、态度、交际风格等方面。这部分文化内容比较抽象，常常是隐而不见、人们习而不察的。由于主观文化的内容与跨文化交际能力关系非常密切，所以应该成为第二语言教学中的文化教学的重点内容。主观文化的教学可以在高年级的语言课堂上作为文化话题进行讨论，也可以开设专门的跨文化交际课程。主观文化的教学应该突出与语言交际相结合、与跨文化交际相结合的特点。主观文化的教学应包括以下八个方面：

第一，世界观。中国人对待生命、自然、社会、历史等的观念和态度。比较不同文化的人们在世界观方面的异同。

第二，价值观。中国人的价值观，如集体主义观念、家庭观念、和谐观念、面子观念、礼尚往来观念、谦虚观念等。比较集体主义文化和个体主义文化在价值观方面的异同。

第三，思维方式。如综合性思维、形象性思维、直觉性思维。比较中国人的思维方式与其他文化的人们思维方式的异同。

第四，人际关系。中国人如何看待和处理家庭关系、朋友关系、人情关系、上下级关系、与陌生人的关系等。比较不同文化中人际关系的特点。

第五，社会交往。中国人社会交往的礼仪和禁忌等，例如，如何寒暄、如何招待客人、如何送礼物、宴会礼仪等。比较不同文化的人们在社会交往习俗方面的异同。

第六，非语言行为。中国人在面部表情、眼神交流、身体接触、手势等肢体行为方面的特点和规则，中国人在时间观念和空间利用方面的特点。比较中国人在非语言交际行为方面与其他文化的人的异同。

第七，态度。中国人对待自己文化和其他文化的态度，其他文化的人对于中国人和中国文化的看法。理解刻板印象、偏见对于跨文化交际的影响。

第八，交际风格。中国人交际风格的特点，比如间接的交际风格、含蓄谦虚的风格、使用协商策略等。比较高语境文化与低语境文化在交际风格方面的不同特点。

2. 第二语言文化教学的原则

第二语言教学中的文化教学以培养学生的跨文化交际能力为主要目标，以语言中的文化因素、文化产品、文化习惯和文化观念为主要内容，以体验型学习为主要教学模式，而且文化教学是在语言教学中实施的，因此文化教学的模式应该体现以下七条原则：

（1）以学生为中心、教师为主导。传统的文化教学大多是以教师为中心的，教师传授文化知识，学生只是被动地接受知识。以培养跨文化交际能力为目标的文化教学应该从以教师为中心转变为以学生为中心，把文化教学从教文化变成学文化。

在文化教学中以学生为中心主要体现在两个方面：一是文化学习的内容考虑学生的需要、兴趣和知识背景。因此在开学时要对学生做需求调查，调查他们喜欢的文化话题和教学活动是怎样的，他们对于文化教学的期待和要求是什么。需求调查也要考虑学生的生活经历和知识背景，在此基础上有针对性地选择文化教学的内容，这样才能激发学生学习文化的内在动机，并增强他们对文化的理解力。二是让学生最大限度地参与到学习过程中，让学生成为文化学习的主体。在学习过程中培养学生的文化理解力和跨文化交际的能力，把教师“讲”文化变成学生“做”文化，如讨论、演讲、案例分析、小组任务、角色扮演、观察与采访等都是适合学生“做”文化的活动。

以学生为中心并不意味着教师的作用不重要，只是教师从文化知识传播者的单一角色转变为多种角色。在文化学习的过程中，教师扮演的角色有：文化教学的设计者、文化知识的咨询者、探讨文化意义的引导者、文化行为的训练者、文化态度转变的促进者、跨文化交际的中介者等。

（2）认知学习与体验学习相结合。传统的文化教学主要采用讲授—阅读—讨论的教学模式，这种以认知为本的文化教学模式有利于增加学生的文化知识，但对于培养学生的跨文化交际能力不能发挥太大作用。因为跨文化交际能力是包括知识、行为和态度在内的综合能力，所以当前倡导体验型学习或以过程为本的教学模式，这种体验型文化学习模式包括文化体验、文化观察、文化概括、文化实践四个环节。总而言之，语言课堂上采用体验型学习模式进行文化教学确实促进了学生文化意识和跨文化意识的提高。自我评估、问卷调查、角色扮演、小组活动、案例分析、跨文化比较与互动等都是体验型文化学习的活动。

有效而成功的跨文化交际培训需要融合认知和体验两种模式。一般而言，认知学习的方法更适合客观文化内容的教学，而体验型学习的方法更适合主观文化和语言中文化因素的学习。即使在客观文化的教学中，学生参与讨论和互动也是必要的环节。认知学习与体验学习比较见表 4-3。

表 4-3 认知学习与体验学习比较

认知学习的主要方法	体验学习的主要方法
文化作为知识	文化作为行为和意义
教学方式以教师为中心	教学方式以学生为中心
注重文化教学的内容和结果	注重文化教学的过程
以“讲”文化为主	以“做”文化为主
演绎的方法	归纳的方法
增加学生的文化知识	培养学生的能力
讲授－阅读－讨论、文化注释、文化提示等	角色扮演、案例分析、小组活动、实地考察等

（3）文化教学与语言教学相结合。第二语言教学中文化教学的最大特点是文化教学与语言教学密不可分。如何达到语言教学和文化教学的有机结合一直是一个难题。传统的语言教学中出现过两种完全相反的倾向：一种情况是语言课堂以教师讲解语音、词汇、语法知识为主，以训练听说读写的语言技能为中心，忽视文化的教学；另一种情况是教师在语言技能课堂上讲解很多文化知识，而这些文化知识与所要学的语言结构和功能完全脱离。

语言教学与文化教学相结合可以通过两种途径来实现：第一种途径是把文化因素当作语言教学的内容，如词汇含义、成语典故、语用规则等既是语言教学的内容，也是文化教学的内容，因此在讲解语言知识的同时需要挖掘语言中包含的文化因素；第二种途径是把文化作为话题来讨论，如旅游、饮食、家庭、教育、就业等都可以是语言课堂的话题，在学习和讨论这些文化主题的过程中可以训练学生的听说读写能力，培养他们描述文化现象、概括文化特点、评价文化观念、比较文化差异的语言运用能力。

特别强调汉语教学中结构、功能、文化的结合。对于如何实现语言教学和文化教学的融合，任务是结构、功能、文化的最好结合点。因为任务教学法的最大特点是首先关注意义，同时强调意义和语言形式的结合，而文化是最有意义的话题，所以任务型教学可以实现用特定的语言形式来实施文化行为或者探讨文化意义的目的。

（4）文化的显性因素与隐性因素相结合。文化教学的内容有些是显性的，如文化产品、文化制度、文化行为等，有些是隐性的，如价值观、思维方式、交际风格等。传统的文化教学往往关注的是文化显性因素，而忽视了文化的隐性因素。事实上，隐性的文化因素如价值观、行为规范等恰恰与跨文化交际能力的关系最为密切。跨文化交际中的大部分误解来源于主观文化的层面。另外，文化的显性因素和隐性因素往往是互相联系的。显性的文化产品和习俗反映了隐性的文化观念，而隐性的文化观念体现在显性的文化产品和习俗中。只有了解了一种文化的产品、习俗和观念的相互关系，才能把握这种文化的本质特点。

如果在文化教学中只讲解文化现象，只介绍显性的文化行为和习俗，而缺少对于背后的文化原因的分析，学生很容易形成刻板印象，甚至会产生"这种文化很奇怪"的想法。因此在文化教学中，人们应该把文化产品、文化行为习惯、文化观念的教学结合起来。例如，为了使学生理解中国的"茶馆文化"，人们可以从文化产品、文化行为和文化观念三个层次来处理其中的文化因素：①文化产品。大茶壶、八仙桌、戏台等。②文化行为。喝茶，大声聊天，一边看戏一边聊天。③文化观念。重视人际关系的和谐，悠闲的生活方式，知足常乐的人生态度。

（5）课堂教学与课外文化实践相结合。学习外语与外国文化最好的途径是沉浸在那种文化环境中"习得"语言和文化。在外语教学中借鉴人类学的"田野工作"，即让学生在目的语文化中进行观察、参与和交流。在中国学习汉语恰好为学生提供了体验中国文化的有利条件。文化实践主要有两个方面的优点：一是能提供真实的文化体验，让学生切实感受到中国文化的多样性和动态性，并从文化的内部来理解中国文化的特征；二是能提供用汉语进行实际交往的机会，使文化实践既包括文化学习也包括语言学习，同时培养了学生的文化学习能力和汉语交际能力。

文化学习如果仅有体验和参与而没有思考和概括，就会流于肤浅、零碎并缺乏系统性。因此课堂外的文化实践还需要与课堂上的学习结合起来，只有这样才完成了体验型学习的四个阶段的循环，才能真正提高跨文化交际的综合能力。

（6）文化教学内容与学生的语言水平相适应。第二语言的文化教学影响因素有很多，其中学生语言水平的高低，是影响教学成果好坏的主要因素，所以要求在进行第二语言文化教学过程中，根据学生的不同语言水平进行教材的选择与制定，这样才能更好地完成教学成果。

在文化教学认知中，文化教学的教学内容应当遵循一定原则，即从简单到复杂，进而由具体到抽象，只有这样进行循环往复的训练，才能真正做好文化教学工作。

文化教学的教学内容应当与学生的语言表达能力相协调。在进行汉语言学习的初级阶段，学生所掌握的语言技巧以及语言能力往往比较低，各方面表达方式不够健全，根据这种情况，应该适当选择与日常生活息息相关的内容进行教学和引导。到了语言学习的中级阶段，学生的语言技巧有了一定提升，语言表达能力以及语言表达方式也有了一定提高。这个阶段可以适当增加对客观文化知识的传播和学习，如我们经常接触到的京剧、书法以及文化故事等，学生在中级阶段学习这些文化内容相对比较容易理解和学习。在进行语言学习的高级阶段，学生的语言能力以及语言技巧达到了一定程度，伴随着能力的提升，文化教学内容也应当做适当调整，比如增加抽象文化教学内容等。虽然不同学习阶段有着不同的学习内容，但是文化种类、文化主题丰富多彩，所以要根据学生的语言能力进行不断调整和总结。

文化教学的方法也应该与学习者的汉语水平相适应。教学活动要从具体简单逐步过渡到复杂多样，语言表达要体现从单句到复句再到成段成篇表达的变化。①初级阶段：使用图片、实物展示、提问、角色扮演等简单易行的方法，让学生用简单的句式和常用词语实施文化行为。②中级阶段：采用文化知识提示、情景模拟、对话分析、文化比较等方法，让学生用比较长的复句来叙述文化现象。③高级阶段：使用案例分析、文学阅读、问卷调查、小组课题调研并演讲展示等方法，让学生用更复杂的成段表达来讨论复杂的文化话题。

（7）在教学过程中挑战与支持相结合。跨文化交际能力的学习应该在学习内容与学习过程之间达到挑战性与支持性的平衡。如果学习内容和学习过程都太有挑战性，学生就会产生抵触心理，学无所获。如果内容和过程都太简单，学生便会产生无聊的感觉。因此，如果内容复杂而抽象，学习过程和方法就应该相对简单，如果内容相对简单易懂，学习过程或方法就需要具有挑战性，只有达到挑战与支持的平衡才能使学生学到知识并发展技能。

挑战与支持平衡的原则可以指导人们根据教学内容选择恰当的教学活动和方法。价值观、思维方式等主观文化的内容比较抽象，学习的过程或教学方法就应该相对简单，如可以通过谚语、格言来了解一种文化的价值观。非语言交际行为和社会交往习俗的内容比较具体易懂，那么就应该设计比较复杂且较有挑战性的活动，比如采用角色扮演、情景模拟的方法来学习。

3．第二语言文化教学的方法

第二语言文化的教学方法多种多样，根据文化教学特点，可以分为教师讲授、影响教学、讨论教学等，这些教学方法都是根据文化教学的教学目标以及教学模式所制定和调整的。体验性学习模式是根据跨文化交际能力教学的特点建立、采用角色扮演、小组任务、采访与观察、案例分析、跨文化互动等方法，这些文化教学的方法既是跨文化交际能力培训的常用方法，也是语言课堂上进行文化教学的有效方法。下面将举例说明在语言课堂上进行文化教学的一些常用方法。

（1）提问法。提问是文化教学的基本方法之一。文化教学可以简单概括为提问关于在特定文化中谁在何地、何时做什么、如何做、为何做的问题。采用提问的方法进行文化教学的优点是：①体现了以学生为中心的原则，提高了学生的参与度；②可以培养学生自己探索和发现文化特点的能力；③把文化学习与语言表达训练结合起来；④简单易行，容易操作，适合各种课堂和内容的教学。文化教学中的提问应该涉及文化的产品、习俗、观念和跨文化差异。

（2）词语联想法。词语联想是词汇文化教学的一种方法。词语不仅具有概念意义，还具有内涵意义，而词语联想的方法可以让学生看到词汇内涵意义在不同文化中的差别。词语联想法的优点是：①可以让学生了解到词语的文化内涵，并了解词语内涵意义的文化差异；②加深对于词语的理解和记忆，扩大词汇量。

词语联想的教学步骤是：①把具有丰富文化内涵或者文化差异较大的词语写在黑板上；②让学生尽量多地想出与这个词语相关的词语；③教师解释该词语在汉语中的内涵意义是什么，包括褒贬色彩、象征意义及常用搭配等；④把中国人会联想到的词语与学生联想的词语做比较，使学生了解该词语含义的文化差异。

（3）角色扮演法。角色扮演是语用文化教学的重要方法，也是课堂交际活动的常见形式。使用角色扮演法来学习文化的优点是：①便于学生理解语言使用与语境之间的关系，提高言语行为的得体性；②帮助学生理解语言使用规则与文化的密切关系，理解语言使用背后的文化含义；③提高学生在真实环境中的交际能力；④体现了语言形式、功能和文化的有机结合。

在汉语教学中角色扮演的活动包括五个教学步骤：①学习相关的语言表达方式；②教师提供语言使用的具体情境；③学生分组表演，实施言语行为；④各组在全班表演，教师指出在中国文化环境中哪些是得体、礼貌的行为；⑤师生讨论在不同文化中类似情景是如何表现的。

（4）文化比较法。第二语言教学是跨文化的教学，课堂提供了进行文化比较和跨文化互动的机会和平台。文化比较的方法在语言文化学习中占有中心的地位。文化比较作为文化教学的方法或活动，其优点包括：①可以加深学生对于不同语言和文化特征的理解；②可以提高学生的跨文化意识和文化敏感度；③可以培养学生对于不同文化行为和观念的宽容态度；④可以增强学生对语言和文化学习的动机和兴趣。文化比较是大多数外国留学生都比较喜欢的课堂活动。

文化比较的内容范围很广，可以是词语含义的比较，语用表达和规则的比较，也可以是文化习俗和观念的比较。文化比较的范围不局限于目的语文化与学生自己文化的比较，也可以是学生之间不同文化的比较。让来自不同文化背景的学习者表达自己的看法或者叙述自己国家的习俗，都是在进行跨文化的对话和交流。教师的任务是为他们提供表达自己看法的机会，提供跨文化互动和交流的平台。

文化比较往往是其他文化教学活动的一部分，比如在角色扮演、小组任务、案例分析等活动之后都可以进行跨文化的比较。

（5）小组任务法。小组任务是语言课堂的交际活动之一，也是任务教学法的主要方式。在文化教学中使用小组任务形式的优点是：①活动以意义为中心，具有真实交际的特点；②话题的讨论与语言形式的使用相结合，体现了语言教学与文化教学的融合；③提高了学生使用语言进行互动和协商的频率和质量；④小组活动可以降低学生的焦虑情绪，增强学生学习语言和文化的动机和兴趣。

小组任务形式多样，包括采访、交流看法、解决问题、问卷调查、辩论等。影响小组任务能否成功完成的因素主要有两个：一是教师需要制作供学生使用的任务单，把任务具体化；二是要列出学生完成任务所需要使用的词语和表达方式。

（6）观察与采访法。观察与采访是人类学提倡的文化学习方法。对于在目的语环境中学习语言文化的学生而言，观察与采访是对学习很有帮助的文化活动。观察与采访法的优点是：①所获得的文化信息比较真实可信，可以帮助学生从局内人的角度来把握目的语的文化特点；②为学生提供了与当地人交流的机会，可以让学生锻炼用目的语进行真实交际的能力；③有助于培养学生对不同文化的积极态度，避免过度概括和刻板印象；④训练学生听说读写的综合能力，是文化教学与语言教学的结合。

观察与采访的内容很广泛，包括目的语文化的人们在交友、消费、就业、留学、环境保护、衣食住行等方面的行为和观念。需要注意的是，课外的观察与采访需要与课堂的讨论和概括结合起来。

观察与采访这一学习方法的主要环节包括：①教师在课堂上布置观察与采访的具体任务和要求，任务单要具有可操作性；②学生在观察、采访中记笔记或者录音，并做文字整理；③学生在课堂上汇报和交流观察与采访的情况；④全班对观察、采访的结果进行概括和比较，找出目的语文化的一些特点。

（二）跨文化交际视域下汉语教学策略

以汉语为第二语言的教学为例，在对外汉语学习过程中，由于汉语本身的特点，对外汉语的学习要紧密结合中国文化的学习与推广进行。在对外汉语的教学工作中，对外汉语教学策略的研究要紧密结合汉语教学中的跨文化要素开展，才能保证对外汉语教学策略施行的有效性。这里针对跨文化视角下的汉语教学策略展开讨论。

第一，体验型文化教育。“文化经验”是在汉语中强调“文化感知”这一重要内容。学生在目的语中的文化认同并非简单地通过学习获得，而是内在地、不断地被目的所影响。在汉语中，应尽量使学习者获得丰富的文化经验，文化教育应注重文化、生活、社会、学习者四者之间的有机结合，让学习者在实际生活中体会到目的语文化，因此，在教学中，老师不但要给他们传授跨文化交际的相关知识，还要引导他们去主观感受实际的事物，亲历跨文化环境，通过自身的文化体验和感悟，促使对目的语文化的理解和接受，完成对外来文化进行内化的过程。

第二，比较型文化教育。“跨文化”是在汉语教学过程中，将中国不同民族之间的差异进行比较，从而缩短不同文化之间的距离。“文化反差”是一种注重与中国语言和目的语之间的差异相对应的教育方法，提倡通过对不同的语言进行文化比较，使学习者认识到不同语言的特点，使他们能够更好地了解不同的语言，并能更好地处理这种文化之间的矛盾。应该指出，中美两种语言之间存在差异，而非褒贬不一，我们所倡导的是，正确认识自己国家的文化认识方式，并学习接受和尊重外国的文化和习俗。在传承中国传统的过程中，要加强对不同文化的了解，做到对不同文化的认识，克服对不同文化的偏见，运用不同的语言进行比较，从而达到更好的教学目的。

第三，对话性的教育。对话性教学是在汉语中贯彻“对话”的思想。对话教学注重师生在心理上的公平，反对教师的专横，提倡师生之间相互理解，并以平等的方式进行沟通。对外汉语教育是一种多元文化交互的活动，如果学生的母语文化和汉语文化之间产生了矛盾，我们应该尊重他们的母语文化，不逼迫他们去接受汉语文化，并尽力创造一个宽松的环境，通过平等的交流来解决语言之间的矛盾。

第四，适应性教育。“适应性”是指导学生在汉语中进行语言的学习和语言的融合。适应性教育追求的是以其本身的改变来实现对新的情境的调整，以重建人与其所生存的文化背景的均衡。在不同的文化交往中，由于不同的语言之间的冲突，不同的语言在保留各自的内在特征的基础上，又会不自觉地进行变化，以适应不同的语言环境。通过对比和反思自己的文化背景，完成了“取其精华，去其糟粕”的重组，在保持文化认同的前提下，了解和阐释中国文化现象，并最终形成文化交流的桥梁。

第五章　现代视角下的汉语教学过程与实施

第一节　现代对外汉语教学的过程

一、现代对外汉语教学的总体设计

对外汉语教学四个基本环节最先要解决的问题是整体的设计问题。作为教材编写、课堂教学和考试评价等教学工作的基础，它是把教学过程中的各部分科学地统一起来的一个关键步骤。准确地说，在整体上，根据语言规律、学习规律和教学规律，综合考虑各种主客观条件和教学手段，选择适合的教学计划，从教学目标、教学内容、教学方法、教学原则、教学任务入手，从而引导教学内容的编制（或选择）、课堂教学和考试，使得各个教学环节形成一个有机的整体，从而实现教学的完整和教学目标的统一。它把对外汉语教育视为一个系统化的理论项目，并将其付诸实施。

整体的设计不但有助于寻找最优的教学计划，而且有助于协调各个教学环节，使得教育和教学行为形成一个整体。可以说，整体的设计就是对整个教育和教育活动进行调控与掌握。只有良好的整体方案，才能形成一套完整的考核评价体系。因此，首先要进行整体的规划，并将这个环节当作一个重要的基础。只有如此，我们方能从整体上理清教育中的各要素与各方面的联系。

（一）确定教学目的和目标

（1）教学目的。教学活动是实践教学目的的基础，其本质在于为学生提供全方位的发展方式。因为教育活动以教授和学习科技为主体，所以不同的教育方式也有其特定的目标。在对外汉语教育中，主要目标是：汉语基本理论和应用汉语进行基本的听、说、读、写，并训练汉语应用于交流；培养学习汉语的兴趣和方法，培养学习汉语的自主学习的技能；对中国文化、历史和社会有一定的认识。

（2）教学目标。对外汉语的教学目标主要有两个层面：一是运用目的语的领域，二是语言层次。主要是关于所用语言的区域。有些人将目的语当作工作的必要条件，有些人则将其当作工作的一种手段。目的语的层次。译文存在着层次的差别，有初级、中级和高级之分。教学目标是要把学生提高到何种程度。

（二）明确教学的类型

不同的教学类型适合不同的教学情境，适用于不同的教学对象，并且要与既定的教学目标和教学内容相协调。在教学类型的决策当中，要充分参考教育性质、教学任务、教学时限和教学组织形式等要素，并结合具体的教学情形，对教学类型进行科学的认识与决策。目前主要的教学类型是按照教学期限和学习目的划分的，可分为本科专业、长期班（4 年、2 年、1 年等）和短期班（半年、2 个月、6 周、4 周等）；非学历教育的预备教育（解决进入专业学习的汉语水平问题）、特殊目的教育（学习旅游汉语、经贸汉语、中医汉语等）。

首先要明确该课程的教学类别，并据此制定教学目标、内容、原则和教学方式。特别是在汉语的初级和中级阶段，由于这个时期的学生数量最多，学习成果最集中，因此在某种程度上最能反映二语的教学特征与规律。

（三）分析教学对象

分析教学对象的目的是加强教学内容安排的针对性。教学对象的主要特征要从四个不同的方面进行分析和研究，分别是自然特征、学习目的、学习起点和学习时限。

（1）自然特征。学生语言学习的自然特征包括国籍、年龄、文化程度、母语和文化环境等要素。这些特征在指导教师选择课程的过程中发挥着非常重要作用。自然特征与教学原则的确定、教学内容的选取、教学方式的选取有关。在二语习得的方式和方法上，儿童与成人是不同的；在教育水平上，教师要有相应的应对措施；由于国家不同，母语文化和目的语文化不同，其教育原理和方法也不尽一致，比如韩国和日本人讲中文，欧美人讲中文，都大不一样。

（2）学习目的。研究目的大致可以划分为五类：受教育目的、工具目的、职业目标、学术目标和暂时目标。二语教学的目标与内容因其学习目的而异。在对外汉语课程中，要从学生自身特点出发，依据自身的学习目的，制定相应的教学计划。

（3）学习起点。学习的出发点通常取决于学习者目的语的水平。可以从零开始，也可以从目的语的层次开始。汉语的认知、兴趣、接受能力和理解程度在不同的起点上存在着差异。对外汉语的教学应根据汉语的具体情况，合理地组织课堂。

（4）学习时限。学习时限根据学院的教育体制而确定，课程期限为：大学（4）或进修（1，2）、总课时、每周课时等。根据学生的具体需求，如短期进修、短期强化等。学习时间限制了课程的教学目的和内容。另一方面，在选择教学目的、学习要求的同时，还要注意学习的时限。

二、现代对外汉语教学的教材选用

现代对外汉语教学的教材选用需要满足以下五项原则：

（一）实用性原则

第二语言教材的编写主要是用来培养学生的语言表述能力。掌握语言知识不代表能够熟练地使用语言，语言知识向语言能力的转化需要经过大量的实践和练习。因此在教材建设过程中，要特别重视教材的实用性，启发学生将学到的语言知识运用到生活场景和交流过程中，提升其语言学习的积极性和有效性。教学内容的实用性是指在教学过程中要从学生的学习需求、兴趣需求和交际需求出发，使学生能够将学习到的语言知识转变为自己的语言能力。在语料方面，应尽量选用实际的语料，而不应使用没有实际意义、没有使用价值，仅仅为了说明语法点的语料。教学法的实效性是指在学生的学习和实践中，除了为学生提供一定的理论基础外，还应进行较多的实践。实践活动是学生获取技能和能力的主要方式，是教科书中的一个重要环节。

（二）科学性原则

第一，教材中的汉字使用规范、通用。教科书的科学性表现为语言规范、知识介绍与阐释科学性、内容组织符合教育规律、反映学科理论新的层次。在教学中，应尽量借鉴国外汉语课程的课程标准和课程大纲。汉语教育应该是以中文为基础，汉字为标准，也就是中国官方发布的汉字，而《汉语拼音方案》则是一个统一的汉字发音标准。也就是说，汉语的学习，应当采用“汉语拼音计划”，采用标准的简体汉字来教中文。

第二，要遵循语文教育的规律，对教材进行适当的安排。课程内容安排应从简单到困难、从浅到深逐步进行，以适应大部分学生的吸收水平；主题的内涵应由日常生活中的语言入手，并逐步扩展到社会交往的方方面面，以及政治、经济、文化等领域。新单词及文法点分布要均匀合理，将困难分布适当地散布，尤其要重视单词、句子类型的重复，从而使学生能够在重复中获得更好的学习效果。

此外，在翻译过程中应注重语料、词汇、语法、语义、语用等方面的问题，以防止产生误解。教材的教学内容应反映学科的最新成果和发展阶段，更新落后的学科知识。

（三）趣味性原则

只有有趣的教学材料，才能激发学生的学习热情和积极性，让学生的学习更容易、更快乐，从而达到教学效果。教科书的趣味性在于其内容丰富、趣味盎然、形式丰富多彩。教材的趣味与教材的实用性和交际性紧密相连。特别是在入门期，要与学生的日常生活密切联系，课堂中所学的知识一旦课后可以立即应用，自然而然地就会有学习的积极性。在教学质量不断提升的情况下，教学材料的选择要逐渐拓宽，增加人文知识，尤其是中级。中级语文课本要能体现真实的人生，选取学生感兴趣的主题，具有深厚的人文底蕴。除了主题的多样性之外，文体、语言和习作的多样性也是趣味的主要表现。排版设计、字体大小、插图画面等都是影响教科书趣味性的重要因素。

（四）交际性原则

交际性是在选择教材的时候，要注意语言材料的选择，要注意教材对学生语言交流能力的影响，特别是要有一定的交流意义。教材应具有良好的交际性和良好的沟通能力，一定要从生活中、从实际出发。小学，要选择适合于交流的实际资料，要使其尽可能贴近现实，易于交流；此外，语言素材要反映真实的人生，让学生能够迅速地把课本中所学的知识应用于实际生活。

（五）针对性与系统性原则

在选择教科书时，应清楚教科书所适合的教学类型、课程类型和教学目标。教科书应具有鲜明的目标和适应使用者特征，才能发挥教材的作用。以往，由于教科书的种类较多，学生对教科书（尤其是一些较为优良的通用教科书）的使用也不尽相同，必然会对学生的学习产生一定的负面影响。学生的学习状况是各不相同的，所以教科书要尽量适应学生的个性。在不同语言、不同文化和不同文化背景下，选择不同的教材是学好目的语的基础。同时，要充分认识到学生的年龄、民族、文化程度的特点，以及学生的学习目标、学习的时间长短等因素。根据不同的主题，进行分类，逐渐地改进，让学生有更多的机会去学习。普通教科书在强调教学目标的时候，不可忽略其功能。

教科书中的体系问题是多个层面的，它在教学大纲的基础知识和技能培训即语音、词汇、语法、汉字等语言要素以及听、说、读、写等言语技能的编排上要做到均衡和和谐。选择教科书时要兼顾水平与垂直的联系，要从整体上看教科书的定位与功能。初级阶段、中级阶段、高级阶段的教科书应相互配合。综合性技能课应与听、说、读、写专项技能课的教学内容相结合。要充分考虑多媒体、图片、幻灯片、声像等现代教学手段，形成一套立体的教育系统。所以说教科书的目标是特定的，而体系则是从整体上思考的。

三、现代对外汉语教学的语言测试

（一）现代对外汉语教学语言测试的类型

第二语言教学对学生语言写作能力和语言交际能力的培养，分别对应书面语言能力和口语能力。理解能力具体体现在听和读上，而表达能力体现在说和写上。据此，将听、说、读、写作为第二外语考试最基础的内容，并以特定的题目形式来完成考试。题目形式就是题目的种类。一张试题所使用的试题类型及其所占比重可以从某种意义上体现出考生对语言能力的认识。语言考试有将近十个题目。以下是汉语考试中常见的考试形式。

1. 多项选择题

多项选择题是一种常见的语言能力测试方法，出现于汉语语法、阅读以及语言理解当中，其最大优势在于评价具有客观性，因而具有较强的应用性。多项选择题最主要的问题是要重视“设计干扰项”，这也是多项选择题中最大的难题。干涉项目必须具有以假乱真的效果，不可胡乱组合。一个用于干扰的选项，如果没有被任何参与测试者选中，那就没有任何的影响，要考虑优化选项。另外，四种选择都要尽量涵盖同一类型的内容，既要保证包括相关知识，保证词汇的连贯性，又要保证在语言的使用上有一定的困难，同时要尽量避开那些在主要词汇中出现过的词汇。

此类题目的弊端在于，提出问题耗时耗力，且不具备对表达能力进行测验的功能，因此不应过多设置此类题型，更不应将其当作日常训练的题目，以免导致写作水平的降低，从而影响到口语与阅读能力的发展，降低语言整体应用能力。

2．综合填空题

综合填空题是一种最基础的完形填空，它要求出题者在文章中按一定的字数间隔删除一个词，所缺失的词语由被测评者补充完整。该题目的编制基于“格式塔”的心理学理论。格式塔完形心理学学说指出，人类的一个重要的心理特点就是当整体上缺少完整的结构时，人们往往会将它弥补。这样的题型，要求学生不仅要读懂全文，了解全文，要符合原文的表达水准，还要体现出综合运用的能力，因此目前许多综合考试都用这样的题目。编写此类题型时要特别注意，汉语综合填空题通常要以字为单位进行。尽管没有固定的间距，但也要保持一定的间距，不能有两个相连的空白。文章的主题应当选择合适的篇幅，在 200 到 300 个词以内。所要测试的范围，应该覆盖从微观到宏观的语言整体。需要学生从整体上掌握论文的内涵，要在阅读结束之前完成前面的空白，以此来衡量考生的整体语言水平。一些语法上的问题可以通过句子来解答，这种问题是微观层面的，不能过多。

3．口试

当前外语能力测试主要是听、读能力，最多也就是书写能力，而测试口语能力，因为技术操作上有一定的困难，难以广泛应用。这是由于人工测验方式需要的时间和精力都很大，而且学生数量众多，很难进行。中国汉语等级测试现在都是通过录音来进行的，由于表达环境不自然，会对考生的心理造成一定的影响，所以在许多国家的标准化测试中，都没有使用测试口语的方法。然而，口头表达是一种最直接、最重要的交流技能，如果不考虑口语技能，汉语等级测试就很难成为一项全面的考试。小型口语考试，尤其是教室内进行的口语考试，往往采取教师与学生的面对面交谈的方式，参考写作分数，量化和细化标准，并通过小组评定以尽可能地达到最大程度的客观性。

4．写作

多项选择题和综合性填空都不能对学生的语言表达进行全面的测试。所以，作文依然是语言教学中的一个主要问题。作文可以充分反映考生的书面语言水平，反映考生语法、词汇、汉字和成段单词的表达能力。然而，作文最大的缺点就在于分数的主观性，因此大量的标准化考试都没有设置这种题目。人们对此问题的解答也进行了大量的探讨，力求将主观题型的评价做到最客观。

（二）现代对外汉语教学语言测试的内容

对外汉语教学以汉语言知识为基础，以提高学生使用外语进行交流为基本目标。语言考试对于语言教学具有积极的作用，特别是等级考试和诊断考试，能够检测学习者的学习成果，判断学习者的学习水平。因此，在语言教育当中，要注重语音、词汇、语法、汉字等语言要素听、说、读、写等言语技巧和语言交际技巧的教育，结合汉语的话语规则、交际策略、语言文化因素、基本国情和文化背景等方面的问题，并且将这些要素都纳入语言考试的范畴。在汉语语言考试的过程当中，知识考试与语言水平测试必须与课程安排密切结合，并根据课程的内容来。汉语水平考试的目标是检测学生整体语言应用能力，其考试内容仍然是语言要素知识、言语技能、语言交流技能和相关文化知识。理论上应当对以上各个要素进行更全面和综合的测量，才能充分发挥不同考试的作用。

（三）对外汉语教学语言测试的测试对比

语言水平考试要全面衡量考生的言语技能、语言交际技能和语言综合素质。总之，一个能够充分满足考察需求的等级考试应该包含应有的考试项目和考试的内容。

考试要根据课程大纲和课程安排，根据课程的要求来决定考试的具体内容。汉语作为第二语言的学习是有时间限制的，而教育又分为初级、中级、高级三个部分，每一部分为一个学期，一个学期又可以分成期中和期终，而在细致的层次上，则是一个或多个教学单位。通常，在各个教学环节中，学生都必须取得与本课程的课程内容相符的学习水平。应该指出，在不同的教学阶段中，各个阶段的教学内容划分是相对而言的，是根据学生的知识积累划定的。考试的内容要符合教育的要求，要包含各个环节的教学内容，才能充分发挥测试的作用。在语言的学习与习得中，知识的累积与发展是不可分离的，因此，必须充分体现“温故知新”的原则。

诊断考试要在改善教育需求的基础上进行。在汉语课堂上，许多的教学内容和方法都需要在这样的考试中获得资料并进行相应的修正与提高。

第二节　现代对外汉语的语言与文化教学

一、现代对外汉语的语言教学

（一）对外汉语的语音教学

1. 对外汉语语音教学的原则

（1）目标明确原则。

第一，进行技能训练。按照此目的进行的教学，重点是要让学习者学会正确的读音。只要能够将所学的音节牢牢记下来，能够正确地识别出每一个音节的声音，并且正确地将它们的发音与汉语拼音进行匹配，就能满足学习的要求。尽管许多教材列出 39 个韵母、21 个辅音声母的发音部位和发音方法，但一般的教学无需讲解这些知识。这是因为：①对于外国学生的汉语发音，这种知识并不能起到很大的作用；②对于大部分刚开始学习汉语的人而言，这些知识理解起来很困难。

第二，教授汉语。在汉语教学过程中，要做到“准确、熟练地掌握汉语的基本特征和知识，正确地使用描述汉语的词汇和概念”，以及“熟练地使用汉语的主语，发现学生的发音问题，并给出相应的对策。”教师应该具备的语音基础，主要有语音的物理属性、生理属性、社会属性、语音单元及相关的要素，以及每个辅音、声母、韵母的读音位置及读音方式等。此外，要熟悉汉语的发音，特别是要掌握母语与汉语的发音比较，理解汉语发音的困难，并学会以汉语为第二外语的教学方式及教学技术。

第三，研究汉语。汉语学习的目的在于使学生能够进行汉语的音韵研究。研究的重点包括：发现课题、搜集材料、运用各种研究方法等。

（2）汉外对比原则。着重于汉语语音的培养，着重于解决语言学习者在发音方面的困难。首先要比较汉语和学习者母语的发音。发现母语与目的语之间的差异，从而对语言障碍进行预测，制订行之有效的解决方法，达到提高汉语教学效果的目的。

学习者母语跟目的语的语音对比，可以从元音、辅音、音节、声调、重音、语调等多方面进行。对比往往需要分成不同的类别进行，即从两种语言中语音项目异同、相似度上分类，并跟学习难度挂钩。对比一般有四类情况：①母语有，目的语没有。②母语和目的语一样。③母语没有，目的语有。④母语和目的语相似。

（3）循序渐进原则。

第一，认知难度。自然因素导致了语言的认知困难。所谓的“自然因素”，就是在学习一门外语时，会遇到一些问题，这种问题涉及很多人的生理和心理因素。例如，辅音的读法、分词等，都要比擦音更易于掌握。原因在于，后者的自然性较差。

汉语四个音阶的学习困难程度还可以用自然因子来说明。直的发展比弯弯曲曲的发展要简单。从生理和心理方面来看，音色取决于音高，而音高则取决于声音的弹性，声带松弛时，声音降低。从生理上讲，第一声的高平调，声带松紧没有变化，最容易控制；第二声的中升调声带由松到紧，第四声的高降调声带由紧到松，都有一定难度；第三声的降升调，声带先由紧到松，再由松到紧，最难控制。可见，四个声调的不同难度及相应的习得次序，跟人的生理因素有关，跟语言习得的自然度因素有关。

第二，对比难度。根据不同的发音情况，可以判断不同的发音类型的困难程度。在具体的课堂教学中，教师应该根据音韵的比较来合理排列学习顺序。

目前大部分的教科书都把音律教学安排在 10 ~ 20 个课时，把四种不同的调子同时进行。韵母和声母则分为几门课程进行教学。韵母先从单一韵母，再到普通的组合，再到鼻韵尾。一般按照《汉语拼音方案》的顺序来进行。

如果考虑学习难度，可以在学习次序上有新的安排。如声母，s 几乎在每种语言里都有；相应地，z、c 因发音部位相同，也不是很难学；舌尖后音 zh、ch、sh 相对难学一些，因为不少语言没有跟 zh、ch、sh 发音部位一样的辅音。按拼音方案的次序，先教 zh、ch、sh、r，后教 z、c、s，显然不符合由易到难的教学原则。遵循由易到难的原则，考虑跟母语对比及相应的学习难度，应该先教 s、z、c，再教 sh、zh、ch。

也有的教师教学时采用如下教学顺序：s、sh、z、zh、c、ch。这是因为 s 几乎在每种语言里都有，容易学。擦音 sh，发音部位比较稳定，发音方法比较单一，与擦音 s 比较接近，也相对容易掌握。z、zh 的发音部位分别与 s、sh 相同，但是发音方法复杂一些（塞擦，先堵塞再除去堵塞，最后形成摩擦），因此相对也难学一些：c、ch 与 z、zh 相比，发音部位分别相同，发音方法又复杂许多（吐气发音方法是很多语言没有的发音方法），因此最难学。

教学顺序还要充分考虑从容易到困难的发音方式。首先是擦音，然后是塞擦音，即先教擦音，后教塞擦音；先教不送气音，后教送气音。这种教学方式能使大部分将汉语作为第二语言学习的学习者收益。

第三，发展难度。对于大部分外籍学生而言，音色要困难得多。其实汉语四种不同的音节，其语音的困难程度是不同的。就外国学生的实际情况来看，一声最简单，二声次之，而三声最困难。

有趣的是，根据对母语学习的考察发现，对汉族幼儿的习得来说，四个声调的发音难度也不一样。绝大多数幼儿的习得次序跟外国留学生一样，即第一声到第四声、第二声到第三声。这说明，四个声调的不同学习难度是由语言习得的一般规律所决定的。

遵循由易到难的原则，可以依照第一声到第四声、第二声到第三声的次序分别教这四个声调。首先教第一声，因为能为其声调定下调子的高低，依照五度音高对应乐谱音阶 i 来定调，平稳延长发音，发准第一声；其次在第一声的调高上尽量放松声带，就可以发出全降调的第四声；然后又拉紧声带，可以逆推出升调第二声；最后用较低的调高读一个降低第四声，紧接着发一个轻而短促的升调，就能发出第三声。

按照以下顺序教学：第一声到第三声，第二声到第四声。理由是：第一声是高平调（55），第三声是低调（211 或者 212），高低对比明显，容易发；第二声是升调，由低到高（35），第四声是降调，由高到低（51），升降对比明显，容易教学。

分离教学也能降低两种不同音阶的混音。教师在课堂中注意到，在学习三声时，往往把升高的音节拉得过大，类似于二声。如果自己将二音练到了一个境界，那么在学习三声的时候，或许会有更好的发挥。当然，这样的顺序仅仅在最初教授音符时应该被注意到。如果四个声部都学会了，但是没有完全熟练，仍然要学生按照一、二、三、四声的次序，用比较的方式来强化四声在大脑中的发音。

总而言之，教学顺序不是一成不变的。教师可以根据教学经验，根据学生有无声调背景和不同国别学生实际学习的特点，进行适当的选择、调整、变换，以求达到最好的教学效果。

（4）足量的操练实践原则。发音和学习语言知识是两个概念。汉语发音的学习主要靠模仿和练习，而且要经过一定数量的练习，才能最终形成自然表达。《国际汉语教师标准》明确提出语音教学应当注重“有意义的、大量的、多样的实际操练”。在进行实际的语音操练时，应该注意以下三点。

第一，以技能训练为主，知识介绍为辅。语音教育并非单纯的语言知识传授，它更多的是与口语紧密相连的技巧与训练。本课程旨在使学员能够正确地听到语音，并能熟练地理解汉语拼音。这就需要在听音、辨音、发音、识字等方面进行大量的培训。

汉语语音教学与口语能力培养密切相关。在技能训练中，学员要学会听、说、读、写等能力。不过，技巧的培养也需要一些辅助性的知识。从发音部位、发音方法等几个角度进行适当的引导，可以提高学生的语言能力，提高汉语语音水平。如汉语不少声母有送气不送气的区别，但很少清浊对立；日语、韩语没有吐气不吐气的区别，语言不少声母有清浊的区别。因此，日本、韩国学生常常发不出吐气音，学生常常将清音发成浊音。如果结合技能训练，使用多种明白易懂的手法，稍微讲解一下这方面的知识，学生就容易区分送气声母和不送气声母，就不容易将清声母发成浊声母。

第二，有意识地效仿，努力练习。要想让孩子们模仿，老师必须要正确发音，按照国家语言委员会和教育部的规定，汉语语音教学的老师必须在语言等级考试中取得一级认证，普通教师必须达到二级甲等。

声母、韵母、声调需要一个一个教；但主要不是讲解知识，而是让学生听辨老师的发音，模仿正确的发音，并保存在记忆里。老师应当多指导孩子们去模仿他们的读音。在课堂上和下课之后，学生都要尽量地去模仿老师的声音。学习的方式多种多样，如老师的发音、录音、各类广播等。

要培养学员主动听音、读音、记音的习惯，并积极练习，愿意听音，敢于发音。只有如此，才有机会让学习汉语的同学在规划的时间内基本学会汉语的发音。

第三，两个教学阶段。两个教学阶段指集中语音教学阶段和后语音教学阶段。

在教学的初期，尽管要把声母、韵母逐个交给学生，但是通常都是用一个音节作为基础单元，让他们去模拟、练习。例如，吐气声母和不吐气声母的区别，就需要以音节为单元练习，这样，学生就能轻易地辨别、读出、记住。

在语音学习过程中学生应注重把语音作为语言的基础单元来进行学习和训练，即要使汉语的发音与语言知识相结合。各种变音的出现，例如：连续变声、“不”“一”“啊”等，这些都需要通过大量的语音练习来掌握。在学习汉语的过程中，学习和练习自然也是必需的。

强调后期学习的重要性，是为了防止或减轻学生单字说都很准确，但完整的句子就说不出来的情况。有些学生单字的发音有问题，但句子整体的发音还算不错，对于这样的学生，音节的读音不必过于苛刻。

2．对外汉语语音教学的方法

语音教学的方法和技巧直接影响到教学的质量，丰富恰当的教学方法、技巧往往能使语音教学收到事半功倍的效果。当前，需要注重利用多种手段进行语音教学，具体方法如下。

（1）模仿法。

1）集体模仿。全班学生或部分学生一起模仿录音或教师的发音。优点是所有人都开口，既能提高开口率，又没有紧张感；缺点是教师听不清每个学生的发音，难以发现个别学习者的问题，不方便针对个别学生的问题进行教学。因此，集体模仿几遍之后，就应该转入个别模仿。

2）个别模仿。学生单个地模仿录音或教师的发音。优点是方便教师了解每个学生的发音情况，并据此进行有针对性的指导和纠正。此外，还可以让其他学生练习听力。当个别学生模仿时，教师要想办法让学生消除紧张情绪。

可以将个别模仿跟集体模仿结合起来。个别学生模仿发音特别好，可以立刻让其他学生对其再进行模仿。这样既可以鼓励模仿好的学生，又可以使其他学生不开小差，提高开口率。

（2）夸张法。在展示发音部位和发音方法、指导学生听音、发音时，为加强学生的印象，应该适当使用夸张的方法。可以突出音素与音素之间、声调与声调之间的区别，促进学生了解和模仿正确的发音。

1）口形。夸张口形是为把发音部位、唇形、舌位等比较清楚地展示给学生，以便增强形象性，便于了解和模仿。同时也可以通过夸张显示各个音素的区别。如发 a 时可以把口张大一些，说明其开口度最大。发 i 时将嘴角用力向两边展开，发 x 时将嘴唇用力向前突出，用夸张法让学生掌握二者的区别。

发 an 的舌尖鼻韵尾时可以将嘴角用力向两边展开，将舌头伸长到上下牙之间，甚至可以用牙齿轻轻咬住舌尖；发 ang 的舌根鼻韵尾时则将嘴张大一些，让学生看到舌尖向下收拢、舌头中段拱起的情状。

2）响度与音程。发复合韵母时，可以将韵腹部分的响度增加一些，使韵腹与韵头、韵尾的区别更明显。为显示两个或两个以上的音素构成复合韵母以至整个音节的情况，可以延长发音过程。在总体延长的情况下，可以使韵腹的发音更长一些，使学生正确感知音程的变化，感知各个音素在构成复合韵母和音节时的作用。

3）板书。在教复合韵母时，还可以依照开口度的大小来书写字母，开口度大的写大一些。

（3）演示法。要注重利用汉语发音原理的演示、描写与说明进行语音教学。具体可以采取以下一些方法进行演示说明。

1）直观法。发音时的口形，如开口度的大小、舌位的高低、圆唇不圆唇、嘴唇的收拢或者前突等，都可以直接向学生展示。

2）实物演示。如用纸片表现气流的强弱，条件允许的也可以用吹蜡烛或乒乓球的游戏，来让学生体会吐气音和不吐气音的差异。

教学中也可以借助牙签找准发音成阻点。如泰国学生很难发准 sh 和 x 声母，将牙签放于第四颗牙之后，舌尖从牙签上面向斜上方伸出，就能准确找到成阻点，发准 sh 声母；将牙签放在第二颗牙后，舌尖在牙签内侧，舌面前部隆起，就能较快掌握 x 的发音方法，区分 s 和 x。

3）板书演示。口腔和舌头、发音部位和发音方法、声调的升降等都可以用板书表示。板书的特点是机动，随时需要随时写，需要写在哪里就写在哪里，需要如何写就如何写，是一种动态的展示方法。

例如，可以将要讲解的声母依次竖写在黑板上，将韵母依次横写在黑板上。先一个一个地教韵母，再一个一个地教声母，最后在横竖交接处写上相应的音节，进行声韵拼读教学。再如，为说明 a、o、e、i 开口度的不同，可以由大到小地依次板书，让学生从字母的大小感受口形的大小。此外，连读变调，包括第三声的变调，“一”和“不”的变调，都可以用板书演示。

4）动作演示。由于口腔里的舌头、牙齿、硬腭、软腭等部分和动作有时很难让学生看到，发音部位和发音方法的情况就只能靠外在的动作来演示。最主要的是用双手模拟发音器官。如讲解舌尖音时，可以把左手掌向左平展微屈，五指并拢手心向下，代表硬腭和牙齿。右手手心向上，代表舌头。发舌尖前音 s、z、c 时，右手指伸直，接近或者顶住左手指尖；发舌尖后音（卷舌音）sh、zh、ch、r 时，右手指微屈，接近或顶住左手第二关节。擦音和塞擦音也有区别：发擦音 s、sh 时，右手指接近左手指尖或第二关节；发塞擦音 z、c、zh、ch 时，右手指先顶住左手指尖或第二关节，再分开。

四个不同的声调，有四种不同的升降形态，可以用手指或手掌的划动来表示。也有教师一边发四个声调，一边用头颈的不同摆动来显示不同的升降模式。

在对海外中小学生进行声调教学时，有的教师结合学生活泼好动的特点，利用肢体动作演示和指导学生做声调操。要求学生一边结合声调变化伸展肢体，一边模仿教师的音节声调，加深对汉语声调音高走势的印象。如发第一声时，学生水平伸展双臂，脸部从左臂水平转向右臂，体会第一声音高自始至终保持均衡不变；发第二声时，与站立身体呈 45° 伸展双臂，左低右高，发音时脸部从左手转向右手，体会第二声音高上扬的特点；发第三声时，双臂斜上举，脸部从左手面向胸口，再转向右手，体会单音节全上声音高先降再升曲折调的特点；发第四声时，与站立身体呈 45° 伸展双臂，左高右低，发音时脸部从左手转向右手，体会第四声高降调的特点。

外在可视的东西也可以用手势进一步加强讲解效果，如嘴唇的圆和不圆，既可以直接用口形展示，也可以用手势演示：用大拇指和食指（及其他三个指头）圈成一个圆圈，表示圆唇；用大拇指和食指（及其三个指头）伸直接近形成一条细缝，表示不圆唇。

还可以通过手的感知来促进教学，如把手指头轻轻放在喉头，感受声带的颤动与否，区分清音和浊音。

对于前后鼻音发音有困难的学生，如日本人，可以让其先发韵母中的元音，然后通过舌头往前伸和往后缩，分别发出前后鼻音。如发 an 和 ang，先发 a，接着舌头往前，便可发出 an；若舌头往后缩，则可发出 ang。接着可以给出一些后一音节为舌尖中声母的词语，便于学生发出前鼻音，如“前天”“欢乐”等；操练后鼻音时，则要给出一些后接舌面后声母的词语，如“香港”“讲话”等。

（4）对比法。

1）汉语内部对比。汉语内部对比即对发音部位相同发音方法不同，或发音部位不同发音方法相同的成对因素进行对比。例如，z、c、s 和 zh、ch、sh、r 舌位差别的对比，先教舌尖前音，后教舌尖后音。再如吐气音和不吐气音的对比，先教不吐气音，后教吐气音，对比可以与图片结合进行。

2）汉外对比。汉外对比即将汉语和学生母语的语音系统进行对比，在对比的基础上找出相同点和差异点，利用学生的正迁移，减少负迁移，促进语音的学习和掌握。

先谈语音差异的对比。韩语没有舌尖后音，初学汉语者发 zh、ch、sh 时跟 z、c、s 类似，因为韩语有几个辅音跟汉语舌尖前音 z、c、s 接近。教舌尖音时最好遵循由易到难的原则，先教舌尖前音，等学习者掌握舌尖前音之后，再引导学习者把舌尖上卷后移，发舌尖后音。

印度尼西亚语的辅音系统中没有送气辅音，因此，印度尼西亚学生学习汉语 p、k 等送气清辅音时，往往感到困难。在教学过程中，教师可以先教与之对应的不送气清辅音 b、g。因为印度尼西亚语中也有发音部位和发音方法完全相同的不送气清辅音 b、g。

再借助吹纸法等手段，引导学生在发不送气清辅音 b、g 时，加上一个送气的动作，从而逐步掌握汉语 p、k 等送气清辅音发音的方法。

在教日本学生学习 u 时，可以把与日语的う进行对比。日语的う跟汉语的 u 发音有相似之处，如开口度、舌位等。也有不同之处：发日语う时不圆唇，肌肉松弛；发汉语 u 时圆唇，嘴唇前突，肌肉紧张。让学生了解这两个音在上述几个方面的异同，可以促进其克服日语う的负迁移，掌握 u 的正确发音。

在教语言学生学习 b、d、g 等清辅音时，教师可以将其与语言发音部位相同的浊辅音对比，使学生明白汉语这些音在发音部位上与语言相似，发音时声带不颤动，这样就容易消除语言的干扰，发好这几个音。

语音相同的对比也非常重要，尽管各种语言的语音系统有许多区别，但多少都会有一些相同、相似之处。找出这些相同、相似点，就可以利用正迁移，促进对汉语语音的掌握。在本章第二节的汉外对比中曾详细对比汉语和语言的音素。通过对比可以看出，这两种语言有许多相同的音素。利用学生母语，可以很容易学好这些音素。

再如声调一直被认为是汉语语音中最难学的，有一些语言也有声调，对这些学生利用正迁移，就可以使他们很快掌握声调。如泰语有五个声调（一声[33]、二声[21]、三声[41]、四声[45]、五声[114]），汉语的阴平、阳平、去声在泰语里都有相同、相似的调型，较难的是上声。泰语的第二声跟汉语半上声相似，只要利用泰语的第二声，再将声调稍微升高一点，就是汉语的上声。

（5）带音法。以旧带新，以易带难。先读已经学过的或学生母语中有的音素，这个音素跟将要学习的音素比，或者发音部位相同、相似，或者发音方法相同、相似；学习新语音时，只要改变发音部位（或其中的一小部分），改变发音方法（或其中一小部分），就可以顺利带出新的音。

不少语言没有汉语的 zh、ch、sh、r 等辅音，但绝大多数语言都有 s 这个辅音。教学中可以先教 s，然后让学生在擦音前加上一个用舌尖成阻和破阻的动作，就可以发出塞擦音 z；在 z 的基础上用力吐气，就可以发出塞擦吐气音 c。在 s 的基础上将舌尖稍微卷起，可以发出 sh；在 sh 的基础上成阻破阻，就不难发出 zh；在 zh 的基础上吐气，就形成 ch；先发 sh，然后声带颤动，就可以发出 r。

还可以用学生熟知的音带出难音。例如有一位赴泰国的汉语志愿者发现，她所任教的班级大部分泰国学生发“sh”很困难，唯独一位女学生发得很标准，于是询问该女生是怎么做到的。那位女生说她觉得“sh”很像蛇发出的声音，于是模仿蛇的音，结果发出的音真的很像“sh”。于是该志愿者在班里推广这一方法，效果竟然出奇地好，大部分学生都能发对这个音。

（6）分辨法。主要是让学生仔细辨别相近的音素或声调。按语音要素分，有声母、韵母、声调等；按技能、方法分，有辨听、辨认、辨读等。

（二）对外汉语的词汇教学

1. 对外汉语词汇教学的原则

（1）浅显讲解，难点分化。

1）用已学词语解释生词和用法。例如，用“请”来解释“邀请”，用“问”带出“询问”；如果顺序反过来，学生肯定难以了解。又如“雄伟”解释为：①雄壮而伟大；②魁梧、魁伟。其中“雄壮、气势”是高级词，“魁梧、魁伟”是超纲词，学生都没学过。这样的解释，效果肯定不好。如果用学过的词语，可以这样来解释：形容高山、建筑物等高大、很有力量，或形容计划、目标等伟大。

2）用简单的句子或结构讲解。例如，对“节省”的解释：一是使可能被耗费掉的不被耗费掉或少耗费掉；二是尽量少用或不用可能被用掉的东西。

此外，在讲解词语时，应该给出清晰、足够的例子，帮助学生准确了解词语的意义和用法。如讲解“帮忙”，如果只解释其为“帮、帮助”，给出“明天搬家，想请别人帮忙”的例句，学习者可能会说出“人们都来帮忙”之类的偏误。

难点分化，就是要根据学生的接受能力和习得特点将词汇知识点分散开来，分时间、分阶段进行教学。如初级阶段，学生接触到的常用词语很多是多义词，应该先教最常用的义项，后教比较少用的或抽象复杂的义项。如“看”做动词有八个义项，应该按照词义的难易顺序，先教“看书、看电影”，之后再教“看病、看朋友”；到中级阶段，再教表示“观察并加以判断”以及“取决于、决定于”等意义。

有的词用法复杂，如动词“了解”，主要做谓语（理解、互相理解），有时可做宾语、主语，还可以做定语，教学时可以先讲做谓语的情况，隔一段时间再讲做宾语、主语的情况，最后讲做定语的情况。

（2）结合语境，精讲巧练。精讲，就是有针对性，抓住重点，准确简练，讲清主要意义和用法，不要面面俱到。例如，在初级阶段常碰到一词多义的情况，教师要根据大纲和教材，选取必要的、合适的义项讲授，而不是不分轻重、不分先后地都搬给学生。中级阶段，有的近义词差异较多，如果每个差异都讲，既复杂，学生也难以接受。所以，只要讲清主要的、区别性的差异就行。

精讲必须跟巧练结合。反复练习才能熟练掌握，运用自如。练习不是越多越好，如果只是机械练习，效果也未必好。教师在讲解的同时应当创造多种形式、多种内容的词汇练习活动，边讲边练，讲练结合，让学生在反复多样的操练中了解词义，学会使用。

精讲巧练通常结合典型语境进行。如介词“按”可以跟其他一些词语搭配成“按计划进行、按顺序上车”等结构，这是“按”使用时的短语语境。情景则是说话时涉及的时间、场所、背景、参加者、交际话题、交际目的等。

语境能使词语的意义和用法更加明确。在词汇教学中，教师应将生词放入上下文或尽可能真实地贴近留学生生活的情景中进行讲解和操练。这样有利于学习者了解和掌握词语的意义和用法，也能激发学习者的学习兴趣，增强师生互动，活跃课堂气氛。

（3）语素教学与整词教学相结合。语素教学，就是利用汉语语素构词的优势，将词和语素的学习结合起来。不但要讲练目标词语的意义和用法，还要将语素构成词的规律教给学生，通过语素义解释词义，并利用语素引导学生扩展生词、猜测词义，帮助学生了解和记忆生词，扩大词汇量。

汉语词的构造单位是语素，许多单音节语素可以单独成词（如“人、学”）；语素与语素又可以按照一定的构词方式组合成合成词（如“人民、学习”）。合成词的意义大多与语素义存在一定联系，可依据语素义去推求和了解。因此，在教学中教师可以借助语素构词的特点帮助学生学习汉语词汇，提高对词语的领悟和学习能力。例如，认识汉字“车”以后，就能清楚确定“货车、轿车、电车、出租车”等表示的是交通工具而不是别的事物；学过“高度”这个词，又掌握一些汉语构词知识后，遇到“难度、深度、广度、热度”等词语，加上合适的上下文，就可以猜出大概的意思。

值得注意的是，“面试”这样的词，语义透明度比较高，适合利用语素进行教学。然而，汉语有些词语义透明度比较低，如“疲惫、小说、马虎、点心”等，就需要进行整词教学；一些音译外来词“幽默、克隆”等也很难进行语素教学，可借助外语翻译或语境，总体掌握词义、用法。

在实际教学中，教师可以同时运用多种方法讲授词语。如“足球”，可以用翻译法，还可以用语素分解的方法把词语分成“足”和“球”。用直观法引导学生了解“足”就是“脚”，“足球”是用脚进行的运动，引出动词“踢”和词组“踢足球”。最后还可让学生扩展出“手球、水球、网球”等。综合讲练，能促使学生更好地掌握词语，扩大词汇量。

2. 对外汉语词汇教学的环节

（1）展示生词。

1）展示词语的语音。词汇的物质外壳是声音，大量听力输入是口语输出的基础。生词展示可以只是语音展示，让学生听生词的音，并进行模仿性操练，教师再加以正音。具体的方式有：教师带读，学生集体跟读、小组跟读或个人跟读等。

2）展示词语的词形。可以用板书、PPT或生词卡来展示，分为独词展示和分组展示两种。独词展示就是板书一个词，讲一个词，练一个词；分组展示就是板书一组词，讲一组词，练一组词。不管哪种方式，板书的先后顺序、位置布局等，教师应该做到心中有数。哪个词写在哪个地方不是随意的，而应该根据教学内容、教学需要有一个总体的安排。

第一，按构字部件排列。一般适用于初级阶段的生词教学。如某篇课文教授“家有几口人”，生词表中出现“爷爷、奶奶、爸爸、妈妈、哥哥、弟弟、姐姐、妹妹”等表示亲属称谓的词语，一般的教学可以根据辈分等进行义类方面的教学；也可以根据汉字的偏旁将生词归类展示，让学生注意性别差异在字形上的反映。

第二，按词类排列。这种排列是根据不同词性来将课文中的生词归类排列，便于根据不同的词性特点进行词语搭配和应用。例如，动词（v.）后加宾语，如“打扫房间”；名词（n.）前加修饰语、加数量词，如“好学生、一本书”；形容词（a.）前可以加副词，如“非常漂亮、不好看”；副词（adv.）后加动词或形容词，如“马上走、多么愉快”等。这样排列有利于学生建立和巩固对汉语词类的观念，有利于从组合搭配的角度学习词语。

按词类排列，整齐醒目，易于记忆，也利于讲解、复习各类词的有关特点。

名词：第一行名词都可加量词“所”，如“一所高中、一所学院”，常跟别的词组成短语使用，如“高中生、外语学院、汉语学院”；第二行名词常加数量词或修饰词语，如“一个操场、大操场/那个市场、菜市场、水果市场/一条消息、好消息”。

名词短语：常加数量词或修饰词语，如“一台笔记本电脑、新的笔记本电脑”。

动词：都带宾语，如“需要一个汉语老师、需要一台电脑/通过考试”。

形容词：“吵”与“安静”意义相反，放在一起，学生容易了解记忆；且这些形容词的前面都可以加“很、非常”等副词，否定时用“不”。

代词：“那么”可跟形容词搭配，教师可组织学生朗读，引导学生用短语说句子。

第三，按相关意义排列。即根据词与词之间意义的相关性进行组合排列。这种排列有助于学生记忆，把孤立的词组成有机的、相互联系的语言材料存入大脑。

（2）解释词义及讲解用法。

词汇意义是词汇教学的重点。意义具体的词容易学，意义较抽象的实词、某些虚词不容易讲解，如果方法正确，可以事半功倍。下面讨论讲解词义的具体方法。

第一，利用形象。利用实物、图片或图画及身体语言或相应动作来说明词义，让学生能直观了解词义。

实物展示：课堂常见物品如“门、窗户、黑板、书、桌子”等；身体部位如“手、眼睛、耳朵、鼻子”等；师生随身穿戴、携带物如“裙子、裤子、鞋、围巾、帽子、钱包、钱、卡、钥匙”等，均可通过指认展示。此外，上课需要学的一些物品，比较容易携带的，如“糖、球拍、筷子、勺子”等，也可以带到教室展示。

图片展示：适用于没有办法用实物展示的事物、自然现象等，如“山、沙漠、鞭炮、闪电、打雷、刮风”等。此外，“爬山、骑车”等动作行为也可以通过图片或图画来展示。

动作、表情演示：讲授一些具体动作行为词语，如“掏、摸、提、扛、端、拿、握”等，可通过肢体动作演示。有些形容词，如“生气、高兴、伤心”等也可以利用表情来演示。一些意义相近的动词如“推、拉、扶”等可以通过动作来演示词义的细微差异，效果更直观。可以教师演示，也可以学生表演。这样的教学生动有趣，尤其受到儿童学习者的喜爱。

第二，利用汉字字形。教师在教授单音节词时，把汉字的偏旁部首介绍给学生，教学生利用汉字字形了解单音节词的意思或义类。注重利用汉字形、音、义相结合的特点进行词汇教学。

例如“深”的偏旁是三点水，本义跟水有关，指水面到底部的距离大，如“河水很～”，教师可以先利用偏旁引导学生了解“深”这一义项，再引入其义项。再如“烧、绕、浇”这三个词，由于偏旁部首不同，分别跟“火、线、水”相关；“清、睛、晴”则分别跟“水、眼睛、太阳”相关。在教学中教师根据不同的偏旁，进行字形、词义的分析和比较，可以比较轻松地讲授词义，并引导学生利用字形帮助记忆。

第三，利用近义词或反义词。用近义词释义，如“邀请”在《等级大纲》中属乙级词，可借助其近义词，即甲级词“请”来进行解释。这两个词的意思、用法有重叠的地方，也有不同之处，可通过旧词学习新词。主要讲清其相同点和不同点。

相同点：请客人到一个地方来或到约好的地方去，可以互换。

不同点：①词义宽窄不同。“邀请”只用于请人做客、参观访问或参加活动等；“请”还可以用于让人做某事或某个动作。②语体色彩不同。“邀请”较为正式，多用于书面语；“请”在书面语和口语中都使用。③语法功能不完全相同。“邀请”可做定语，组成“邀请信”等短语，还可做宾语，如“接受邀请”；“请”没有这些用法。

第四，借助旧词学习新词。用已学词语解释生词，是中级词汇教学的常用方法。此阶段学生已有 2 000 多个词语的基础，可以用初中级阶段学过的词语或句子来解释生词。例如，举世闻名指很有名，全世界都知道。

以旧释新法可以激活学生储存在记忆中的旧词语，达到温故知新的效果，形成初、中级连贯的词汇学习。特别是成语、俗语、习语等，很难用外语解释时，用这种方法解释很有效。

第五，利用语素。根据生词中学过的语素来讲解词义或引导学生推测词义。例如：

用品——用（使用、用得上）+品（东西）=做一件事情要用的东西=“食品、商品、产品/生活用品、学习用品、办公用品”。

售票员——售票（卖票的）+员（人）=卖票的人。由语素“员”可以生成一系列表示从事某一职业的“人”，如“服务员、售货员、演员”等。

第六，利用词组。有一些词义较为抽象的词，光靠单纯的解释，老师难以讲得通俗易懂，学生也很难听得明白。对于这样的词，可以将其扩展为词组，然后通过解释词组来解释词义。

第七，利用上下文语境。有时上下文是互相解释、补充说明的，根据上下文中词语、意义和词语搭配的关系就能推测出生词的大致意思。如：

小李的家庭很和睦，一家人互相关心，互相照顾，从来没吵过架。此句中“和睦”是中级词，可以通过后面句子的意思来了解其意义。

第八，利用情景。对一些词义较为抽象的词，可以设计出具体的情景，再通过情景来了解词义。

第九，举例。通过例句来体会了解词义，是词汇教学最常见的方法。如初级阶段对“等”的解释：

去过北京、上海、南京等城市。（没有全部列举出来，后面有省略）

去过北京、上海、南京等五个城市。（同上）

去过北京、上海、南京等三个城市。（都列举出来，后面没有省略）

这种方法更适合于那些意义比较虚、不太好用词语解释的词语，特别是虚词。如中级阶段学习连词“从而”，在句中连接分句，表示结果或目的关系，意义比较虚，不好解释，可以举几个例子来帮助学生了解其意义：

老师改进教学方法，从而提高教学质量。（表示结果）

应当了解留学生学习中的困难，从而帮助其提高汉语水平。（表示目的）

第十，翻译法。有一些词，用汉语难以解释清楚而用外语解释更方便；还有外来词语，也是用翻译法好。例如：

幽默：humour　浪漫：romantic　圣诞节：christmas

钢琴：piano　棒球：baseball　网球：tennis

初级汉语用翻译法可以帮助学习者很快了解词语意义，但是不同语言的词语之间很难简单地一一对应，在语义范围、搭配关系、感情色彩、文化含义等方面存在着许多差异，单纯用翻译法解释可能会引起误解，诱发偏误。

（3）词语练习。练习，是掌握和巩固词汇的重要手段。语言是“练”会的，不是“教”会的。练习是语言学习的关键。词语练习的设计要科学合理、有针对性，要针对词语的语法功能、组合特点、使用对象、句中位置、感情色彩等方面的设计练习。练习的形式要多样：注音、听写、词语搭配、选择填空、选择义项、改错、根据指定词语改写句子、根据指定词语完成句子等。练习量要充足，足量练习才能培养学生的语感，才能使学生逐步熟悉、深刻了解和熟练运用词语。

关于词汇练习，吕必松先生的《对外汉语教学概论》（1996）提到四种不同的练习。

1）感知练习。要学习生词，首先要从词的读音和形体上反复感知，这是学习和记忆词汇的基础感知性练习，包括语音感知（听音、读音）和词形感知（认字、写字）。语音感知的方法主要有听老师读、听录音跟读、朗读、领读等，还可以让学生根据听到的语音选择相空的词语；词形感知的方法有抄写生词、词语辨认等。

2）了解性练习。了解性练习主要考查学生对词义的了解是否正确。主要的方法有：说出近义词、反义词，听义说词，听词说义，说出词语的组合搭配，写出语义相关的词语，把母语翻译成汉语或把汉语翻译成母语，给多义词选择合适的义项，选择合适的词语填空等。

第一，听义说词。教师用汉语说出词语的意思或讲述一个情景，让学生说出相应的词语，如：

教师：很少下雨，花草树木很少的地方是什么？

学生：沙漠。

教师：快毕业了，约着一起吃饭，这是要……？

学生：聚餐。

教师：小偷偷东西，被人发现，应该会很……？

学生：惊慌。

第二，组合搭配练习。如说出名词的量词，说出动词的宾语、修饰语，说出宾语的动词等，如：

教师：吃什么？

学生：吃苹果，吃面包，吃麦当劳……

教师：怎么吃？

学生：慢慢吃，很快地吃，大口大口地吃……

教师：吃面包，还可以“什么”面包？

学生：买面包、做面包、拿面包、送面包……

书面的练习还可以是把合适的词语连起来。如：

实惠的	环境
陌生的	价格
深刻的	旅行
愉快的	兴趣
共同的	印象

第三，语义相关的词语练习。教师说出或写出一个上位词语，让学生说出下位语义场的词语，如：

教师：水果。

学生：苹果、梨、香蕉、西瓜、橙子……

教师说出或写出一个词语，让每个学生说一个跟这个词语有关系的词语，如：

教师：聚餐。

学生：点菜、菜单、上菜、聊天……

3）记忆性练习。记忆性练习主要帮助学生记住词的发音、意义及用法。主要的方法有听写词语、听音填词或说词、词语接龙、传悄悄话等，听词说义、听义说词也可以是一种记忆性练习。

第一，词语接龙。由教师或学生开头说一个词语，然后让学生说出一个由这个词语的最后一字开头的词语，这样一个接一个说下去，看能说多少词语。在说词的过程中，可以用同音字或音近字替换。

第二，传悄悄话。把重点词语组织成一句话，学生分成几组，教师将句子写在纸条上，交给每一组的第一位同学看一分钟，然后将纸条收上来，让第一位同学把这句话小声地告诉第二个同学，第二个再告诉第三个……每组最后一位同学大声说出或到黑板上写出这句话，看哪组的准确率高。

在课堂上，教师还可以通过实物、图片、身体动作等让学生说词，帮助学生记忆生词。例如展示一张图片，上边有山、树、湖、鲜花、小路、自行车等，教师逐个指着图片上的事物，让一个学生说出一个名称，其学生跟着读；也可以拿出或指点课堂上有的各种事物，让学生说出名称，如书包、桌子、椅子、窗户、风扇、空调、门、墙、地图、词典等；还可以由教师或学生做各种姿势、动作，让学生说出相应的动词，如“坐、站、蹲、踢、敲、拍、跳、举手、低头、抬头、回头、摇头”等。

4）应用性练习。应用性练习就是通过词的实际运用来帮助学生掌握词的用法。主要的方法：词语的搭配练习、辨别和纠正句子中用错的词语、给词语选择合适的位置、用指定的词语改写句子、用指定的词回答问题、用指定的词语完成句子、造句等。例如：

教师在讲解课文时，可以让学生用指定的生词回答针对课文的问题：

教师：聚会以前，担心什么？（变化话题共同）

学生：担心大家多年没见，一定都有很多变化，见面时没有什么共同话题。

教师提供情景，要求学生用指定的词语说一段话：

朋友有事请帮忙，但这件事很难办，不知道该怎么办：

为难　忍心　想来想去　苦恼

造句也是练习词语的一种常用方法，不过不少学生可能会觉得比较难，教师应使用多种方法启发学生造句。比如让学生用动词“去、买”造句时，可以写出一些相关词语来启发学生：

商店 书店 火车站 书 本子 车票……

又如让学生用“安静”造句时，可以通过提问启发学生：

觉得哪些地方很安静？喜欢热闹还是安静？为什么？

也可以利用图片启发学生造句。如给出一些图片，上边有蓝天、白云、绿树、红花、各种颜色的水果等，让学生用颜色词造句。

除以上诸点，还有两点必须提及：①练习贯穿于整个词汇学习过程，与展示、释义和解释用法交叉进行，而不是专指做课文后的练习。练习与讲授穿插进行，有助于了解和检查，有助于教学交流、及时发现问题，也有助于防止满堂灌，调动课堂气氛。②听写也是一种练习、检查的方式。听写不是清一色听写词语，只要课堂上教师讲过的都可以在听写中检查。如先写课文中的生词，再写相关的量词、宾语、修饰语，组词、写词组，写反义词、近义词，造句等。

（三）对外汉语的语法教学

1. 对外汉语语法教学的特点

（1）词序和语序非常重要。

1）某些语义成分的位置比较灵活，例如：①买那本书；②那本书买。

上述句子的语序，很多语言不全有。韩语和日语没有；越南语、印度尼西亚语没有；韩语和日语有，但宾语后边要用宾格标志。

汉语的这种现象只是表面现象，从根源上而言，跟汉语句子结构的特点有关。汉语句子结构的特点是话题突显，即句子结构是“话题—说明”，而不是“主语—谓语”。无论是施事、受事、非施事、非受事（时间词、处所词、介词结构等）都可以成为话题（陈述对象）放在句首。例如：

今天星期四。

桌子上放着一本书。

在这个地方可以休息。

话题跟说明之间没有严密的语法关系，关联比较松散，不像印欧语系中主语、谓语的关系那么密切。

2）语序变化隐含逻辑关系的变化。汉语语序比较灵活，但并不代表语序可随意变化。恰恰相反，在许多场合下，语序不同，往往显示的语义语用不同。这正是汉语词序语序重要性的第二个表现。

（2）修饰成分的位置比较固定。

汉语的修饰成分一般都在被修饰成分前边，无论是定语还是状语。如：

漂亮衣服/三件衣服/刚买的衣服/那本书

三件漂亮的衣服/三件刚买的漂亮衣服

常常学习/努力学习/跟同学一起学习/上个月常常跟同学一起努力学习

相比之下，许多语言跟汉语不同。不考虑量词的有无，印度尼西亚语和越南语的数（量）词在被修饰语之前，形容词在被修饰语之后；韩语跟印度尼西亚语、越南语正好相反；泰语的语义成分、语序为“衣服漂亮三件/书本那”，数（量）词和形容词都在被修饰语之后。印度尼西亚语、越南语、泰语的指示词都在被修饰语之后，泰语的量词也在被修饰语之后。

（3）有一些特殊词类和特殊的词。对比其他语言，有些语言有特殊词类和用法。学语言的中国人觉得冠词、不规则动词和众多的介词比较特殊，学汉语的欧美人则要花大力气学习量词、语气词、方位词等。

1）个体量词。汉语有几百个量词，与数万个名词搭配。对大多数的量词，学生要一个一个地学习、掌握，难度很大。值得注意的是，在所有量词中，有一部分是度量衡单位词，如：

尺 丈 厘米 米 千米 克 公斤 吨 两 斤 升 秒 分钟 小时

还有一部分是名词借用为量词，如：

杯（一杯酒） 桌（两桌菜） 屋子（一屋子人）

这两类词在绝大多数语言中都有，并不是汉语所特有的。汉语（包括汉藏语系中的一些语言）所特有的量词，主要是个体量词。如：

本 台 辆 张 粒 棵 颗 株 根 支 把 幅 盏

这些量词跟个体名词的结合关系相对比较稳定，是印欧语系的语言里所没有的。因此，对母语没有这些量词的学生来说，就成汉语学习的难点。

当然，根据量词的词义类别和形式，根据与所搭配的名词的语义特点，对个体量词进行某些概括，也不是不可能。如“把”多用于有扶手或柄的长形物体，如刀子、尺子、钥匙、雨伞、牙刷等。这种教学方式有以下两个前提条件：第一，这样的教学必须在学生学习了一些量词和许多名词之后；第二，符合这些搭配说明解释的，只是量词中的一小部分。

个体量词的使用，虽然在印欧语系中很少，但在一些语言中也有，如韩语、日语、越南语、泰语等。针对这些学生的个体量词教学，相对要容易一些。要注意，诸如韩语、日语、越南语、泰语等语言中的量词，跟汉语的量词也不是一一对应的。如越南语在动物名词前，只用量词“只”。

2）语气词。汉语语气词很重要，也很难学。原因很多，如语气词“呢”的使用：问话人可能只问一半，疑问点常常要根据语境因素来确定等。

3）方位词。跟语言对比可以发现，相同的方位概念，语言用介词短语表示；汉语除用介词之外，还要用方位词。

2．对外汉语语法教学的目的

教学目的往往会影响教学内容和教学方法。在语音教学时谈到，语音教学的目的至少有三个，语法教学也类似。

（1）用汉语交际。将语法规则的解释跟句式以及篇章的理解、生成结合在一起，使学生在学习语音、词汇的同时，掌握用词造句以及连句成篇的技能，使汉语交际成为可能和现实。如对汉语进修生的教学，对汉语言本科一、二年级学生的教学，目的就是用汉语进行交际。

（2）教汉语。教汉语目的的语法教学，是为培养汉语教师，让能对非母语者有效地进行汉语语法教学。当前，要求教师能了解汉语语法教学的基本原则，具备将汉语语法知识传授给学习者的能力和技巧，主要要求如下：

1）熟悉并掌握汉语语法的基本知识和特点，了解并准确运用描写汉语语法的概念、术语等。

2）了解和熟悉汉语语法的体系、内容，熟悉汉语语法项目的选择、等级划分与排列等。

3）能根据学习者不同的学习目的、汉语水平，制定不同的汉语语法教学方案。

4）熟悉并掌握汉语语法的主要特点，并能运用适当的教学方法和技巧进行教学。

5）了解学习者学习汉语语法偏误的情况，熟悉主要语种学习者学习汉语语法的难点，并能提出有效的解决方案。

6）能够恰当选用不同的教学策略、方法和技巧进行语法教学。

7）具备根据不同学习者、不同教学环境对汉语语法教学方法加以综合、发展、创新的能力。

（3）研究汉语。此类教学的目的是让学习者能从事汉语语法研究。要求在前两点的基础上，进行研究课题、搜集研究材料（尤其是各种语料）、使用多种研究方法和手段、科学分析问题、解决问题等方面的教学和训练。如对汉语言文字学专业的研究生，语言学及应用语言学专业对外汉语教学方向的硕士生、博士生，以及汉语国际教育硕士专业学位生的教学。

3．对外汉语语法教学的方法

（1）情景化教学。情景，原指话语出现和使用的特定场合。情景化教学，指利用和创造特定句子或更大语言单位出现的情景，使学生沉浸在丰富的、自然或半自然的语言习得环境中，接触、输入、习得相关的语言材料，并生成、输出相应的话语。教学需要在进行语法教学时，与交际活动进行，并注重师生的互动性、多样性和趣味性。这离不开情景化教学。情景化教学可以用在词汇教学中，也可以用在语法教学中。

1）利用人物的情景。如在教“比”字句时，可以直接用班里学生作为语法解释和语法练习的材料。学生根据班上同学的真实情况来了解、生成“比”字句，效果会很好。

2）利用事物的情景。如学习方位表达时，可以利用教室里的实物让学生了解并造句:“窗户在左边,门在右边。黑板在老师后边。空调在窗户旁边。”

3）利用动作的情景。如教“把”字句时，可以一边做动作，一边解释：“把书放在桌子上。把纸撕成两半。”“把门打开。把窗户关上。”在做练习时，可以老师发指令，让学生做相应的动作；然后老师做动作，让学生用“把”字句描述。结果补语句也可以用类似的方法教学。

（2）生成式教学。

1）扩展式生成。由简单句（包括单词句）逐步扩展为复杂句。最常见的如：

学习汉语

跟阪田慧一起学习汉语

跟阪田慧一起在中山大学学习汉语

跟阪田慧一起在中山大学用语音室学习汉语

主要训练状语的使用。具体训练时，可以两人一组，一人一句，越拉越长，看谁接不下去。

2）紧缩式生成。较长的语言单位，通过删除、替换等方式，逐步紧缩为较短的语言单位。需要注意的是，与较短的语言单位相比，有些较长的语言单位反而容易了解。

（四）对外汉语的汉字教学

1．对外汉语汉字教学的特点

（1）“对外”的特点。由于学习者是没有任何汉语基础的外国人，汉语和汉字相对来而言比较陌生，学一个汉字时，对本族学生而言，关键是字形；外国学生则是同时学习形、音、义，这势必更加困难。针对这一特点，对外汉字教学务必要形、音、义同步，缺一不可。

对于本族儿童来说，早已习惯汉语里存在大量同音不同义的词语。所以同音字相对而言并不难接受，需要的只是把特定的字形与语言知识体系中的词义互相对应。

对于习惯拼音文字的外国学习者来说，汉语以形别义的特点要有一个接受的过程，大量的同音字在一开始就成为学习汉字的最大困难之一。零起点的学习者在开始学习汉字之后相当长的时间内，往往会出现知音知义不知形的现象。这种“语”“文”脱节，表现在输出的汉字上，就是大量的同音替代偏误，如“新”写作“信”，“直”写作“只”，“非”写作“飞”，“借”写作“接”等，甚至“昨”写作“在”，“者”写作“节”。据考察，在学习汉语之初，这是一个相当普遍的现象。因此，对外汉字教学“对外”的特点要求教学初期特别强调同音字的辨别，使学习者尽快熟悉汉字“形—义”相通的特点。

（2）对成人的教学特点。目前在中国国内对外汉字教学的主要对象仍是成年人，这自然要求与针对儿童的汉字教学有所区别。

成人具备关于母语语言文字的知识，形成既定的认知模式，具备较强的了解能力和逻辑能力。一方面，关于母语文字的经验会产生负迁移，成为学习汉字的障碍；另一方面，具备较强的归纳推理能力，可以凭借已有的知识对正在学习的知识进行理性思考，各种经验和策略都会有助于汉字的学习。因而针对教学对象的特点，应该采取相应的教学方法。

针对成年学习者归纳推理能力强的优势，应该重视理性教学。在强调刺激、强化训练的同时，充分利用汉字自身的规律和特点，进行系统的知识和理论的教学。例如，汉字结构的分析，以偏旁为线索的形声字讲解分析，同音异形字、一形多义字的归纳整理等。“授之以渔”，让学生感到汉字不是彼此独立的一盘散沙，而是有规律可循的。实践证明，适当的汉字知识和理论讲解可以促进学习者对学习汉字的兴趣，提高学习效率。在一个学期的两次问卷调查显示：系统的汉字知识与识字相结合的教学，不仅有效地促进零起点学习者对汉字的认识，还提高学生学习的兴趣和自信度。

对外汉语教学虽然要适当引入关于汉字的理论知识，却与针对中国语言文字专业大学生的汉字课完全不同。因为理论的讲解以学习汉字为最终目的，不要求理论的系统性和专业性。要把握一个度，千万不能把对外汉语教学课变成汉字理论课，那样只会让学习者认为学习内容很难。

由于目的不同，对外汉语课堂不排除利用一些生活俚语，只要有利于学习者的学习又不是太离谱，可以适当运用以增加课堂的趣味性、提高记忆的有效性。例如对文字形体的联想，把“笑”想象成一张笑脸，而“哭”是一张流泪的脸等。但是这一点一定要把握适当的度，在学习初期，学习者还没有形成关于汉字的知识系统的时候可以用到；如果滥用，则会事倍功半，影响学习者系统地把握汉字的规律。

2．对外汉语汉字教学的原则

（1）汉字教学的目的和要求。“分流”的方法，对学习者掌握汉字的要求在认读和书写方面要有所区分，不能要求每个汉字都达到四会（听、说、读、写）。针对不同的汉字要有所区别：常用字、字形结构简单鲜明的字要达到能读能写的程度；有些字则要求学习者能认读即可。另外一些不那么常用的字或者联绵词中的汉字，能做到在词语中或上下文中了解即可。汉字分流，能一定程度上减轻学习者学习的压力，并有助于学习者扩大识字量，为提高其阅读能力打基础。

由于汉字的数目繁多，不可能逐一在课堂上教授，还要求学习者有一定的自学汉字的能力。学习到一定程度的学习者，应该能在一定的上下文中，根据表义的字形以及上下文推测一些汉字的大致意思；更高一点的要求，水平较高的学习者还能运用字典检索汉字。总之，汉字教学应该在教给学习者汉字的同时，培养和训练学习者的汉字能力，以及用汉字进行交际和自学汉字的能力。

（2）汉字教学中的几个顺序关系。

1）先认读后书写，多认读少书写。要“注重先认后写”。汉字教学的第一步是教认读。先教学习者认识字形，通过感知字形，明白汉字的语音和语义；认识之后，再学习书写汉字。例如，“谢”字，由于交际的需要，会比较早学习；但其字形结构很复杂，笔画又多，不容易写。一开始可以只要求认读，等学习者学过基本笔画，有一定的字形分析能力之后再学习书写。

教写汉字是汉字教学无法忽视的重点，但是要求字字都会写是不现实的。要贯彻“认写分流”的原则，“多认少写”。既让学习者掌握基本汉字书写能力，能写一部分基础汉字，又不局限于此，把拓宽学生识字量作为重点，适当减轻记忆负担，满足随着汉语水平的提高而不断拓宽范围的阅读需要。

2）书写教学先教基本笔画名称，再教书写规则。汉字书写规则是以笔画名称为基础的，如“先横后竖、先撇后捺”。因而称说的笔画名称是入门阶段汉字课通常要教的内容之一，在此基础上再循序渐进地教授书写的基本规则。

3）常用字在先，先独体后合体。遵循由易到难的一般原则。具体的实施在教学中可以表现为：从意义和笔画都简单的常用独体字开始教学（人、山、口、小、大等），接着教笔画相对复杂难写的独体字（水、气、马、身），然后教结构和笔画都比较简单的合体字（左右结构：体、好、休、明；上下结构：分、字、写、是），最后才出现结构复杂、笔画较多的合体字（上中下结构：累；左中右结构：附；复合结构：够、照）。

并非简单的汉字就一定常用，因此不可避免地要处理汉字难易程度和语言难易程度的关系。因为简单的汉字未必常用，其意义未必简单（如歹、殳）；简单、常用的汉字其字形未必简单（如懂、谢）。当前需要汉字教学要做到“常用字在先、反复重现”。对于常用但字形复杂的汉字，可以采用“先认后写”或者“只认不写”的原则来处理，可以要求学习者只认读不书写，能完成相应的阅读任务即可。如果汉字本身不常用，但作为偏旁十分常见，就要在合体字中作为偏旁提出来（如皿、欠），适当加以解释。若是形旁，要让学习者了解其概念性的含义；若是声旁，则可以适当教授表音的功能。

（3）以部件为中心的汉字教学。部件是现代汉字字形的构字单位。介于笔画和整字之间，大于或等于笔画，小于或等于整字。“以部件为中心”是合体字阶段的基本教学原则，以部件为基本点，以点带面，有系统地进行汉字教学。

1）从汉字结构分析入手，通过归纳部件进行学习。进入合体字教学阶段之后，针对每个要教的汉字，第一步要做的就是进行结构分析，让学习者一开始接触汉字，就意识到不是无规则线条的堆砌，而是由有意义的单位组成。分析的汉字多，就可以归纳出反复出现的部件，这样再在其字里见到该部件的时候，学习者会感到熟悉，生字里总有不陌生的部分。

2）强化部件的位置。汉字的不少部件的位置是十分固定的，在归纳学习时要特别强调的位置。部件位置意识的形成对于汉字正字法意识的发展非常重要。

汉字偏误分析发现，在学习者输出的汉字偏误中，总有一部分是由于颠倒位置而造成的。例如，有不少学习者把“想”字上面的“相”写成“目”

在左、“木”在右，也有学习者把“味”的两个部件写颠倒。强化对一部分部件位置的认识，有助于学习者形成正字法意识，减少写错字。初级阶段的非汉字文化圈的学习者经过汉字学习后，也可以形成部件位置意识。

3）抓住声旁形旁，强化形声字意识。汉字中形声字是主体，也是最能体现汉字系统性和规律性的地方。声旁和形旁都可以作为学习汉字的线索。

对作为声（形）旁的部件，首先要归纳其可以有效表音（义）的特点，然后再指出其局限性。让学生在形成形声字意识的基础上，正确认识形声字与汉字的真实面貌，培养正确的汉字意识。

在学习“花、草”之后，归纳表示“草、植物”的义类，随后引出“茶、菜”二字，强化学生对表义性的认识。接着讲“药”，让学生思考为什么“药”也是“草字头”。有的学生就会想到“中药”，给予肯定之后指出因为词的意义范围扩大，形旁的表义已经不明显。最后讲到“节”（作为量词），像这样的汉字本义已经十分遥远的字，就没有必要再分析形旁的表义性，可以把该字作为形旁表义性丧失的例子，让学生认识到形旁表义的局限性。

特别要注意的是，强调形（声）旁表义（音）的特点的同时，也一定要强调其局限性，以免产生负面的影响。

4）对形似部件，要进行专门的归纳对比。汉字学习者对汉字的轮廓往往比较容易把握，而容易忽视其中细微的差异。针对这一点，要通过对比，把容易忽略的部分作为强调的重点，以克服这个问题。如“厂”和“广”，“土”和“王”，“几”和“儿”，“未”和“末”等。教学中应对这类区别比较微小的汉字进行区分练习。

有一些单纯形体接近而没有表义功能的部件，如“车”和“练”字的右边，形体非常接近，而且都会出现在读音为“lian”的字中，如“连、链”“练、炼”。这一对部件，后者构成的常用字只有“练、炼”两个，教师可以通过归纳特别指出来，以帮助学生辨析。

再如“妹”和“袜”两个都是常用字，声旁分别是“未”和“末”，很容易混淆。教师不妨多设计一些两字同现的语境（妹妹喜欢长袜子、妹妹买新袜子），在语境中进行近距离对比，以凸显两者的差别，达到辨析的目的。

总而言之，对于形似部件的教学，对比辨析、强化记忆是最为有效的方式。

5）对同音字，要适时地通过部件的分析进行归纳复习。前面已经谈到，同音字是外国人初学汉字的一大难点。通过部件分析，可以强化认识，让学习者发现不同的组成部件影响汉字的意义，从而强化其对形义关系的认识。

6）及时归纳复习，强化记忆，防止遗忘。

可以充分利用课堂上零碎的时间。如一节课内容已经上完，还剩几分钟，可以进行简单的复习。

可以在教学过程中结合新内容复习旧内容。如学到“怕”，可以在归纳形旁的同时，复习以前学过的“忙、快、懂”等。

可以在学习一段时间后进行专门复习。如学习汉字结构一段时间后，可以让学生回忆学过的某种结构的汉字（上下、左右、上中下、左中右等）。

可以给出一些汉字让学生分析、归类。

7）以部件为中心并不等于以部件为教学单位。需要强调的是：教学过程中，部件分析是一个教学手段，部件是从汉字中分析出来的，归纳部件的目的是帮助学习者形成部件意识，而不是在记忆汉字的同时还要记忆汉字的每个部件。不能把部件作为独立的教学单位，逐个讲解，这样反而会增加不必要的负担。

3. 对外汉语汉字教学的技巧

（1）展示汉字的技巧。展示汉字就是把汉字展现给学生看，要求简单清晰。

1）板书展示。教师把要学习的汉字书写在黑板上，达到介绍的目的。这是最常用也最方便的方式。这样做的好处是不仅可以展示汉字，还能同时展示汉字的书写过程。应该说在教任何一个汉字的写法的时候，都要用到。

在最初接触汉字的时候，板书过程尤为重要，因为这时候汉字的形、音、义、笔画名称、笔画顺序甚至运笔的方式等，对于学习者来说都是要学习的东西，因此此时的板书十分关键。

例如，要学习“个”，教师的板书要伴随着讲解：

个 gè，a measure word. How to write it? 撇、捺、竖，gè，一个人、一个学生……

初期的板书，汉字一定要清楚，字要大，速度要慢，让学生能看清楚每一笔，有时需要板书一系列字，根据不同的目的和需要，有多种方式可以采用。

第一，以笔画为系。讲解基本笔画时，势必要给出含有该笔画的例字，此时采用这种方式：

横：一、二、三

竖：十、工、上、下

竖勾：水、月、门

第二，以结构为系。讲解合体字的基本结构时，就要用到这种方式：

左右结构：汉、的

上下结构：字、是、点

第三，以部件为系。归纳部件时，要采用这种方式：

十：什、南、支

言：说、话、语、认、识

第四，同音字：

gōng：工、公、宫

yī：一、医、衣

第五，形似字或形似部件：

千—干　办—为　处—外　我—找　老—考

第六，有共同特征的字：

林、双、朋、多、哥，班、街、咖

总而言之，以板书展示汉字十分灵活，可以根据需要设计多种展示方式。上面只是提供展示时板书的样式，具体操作时可以灵活地采用以旧带新、归纳、演绎等多种方法，而且这些展示汉字的方式不仅适合于教新的知识，也可以用于复习。

2）图片与卡片展示。图片展示汉字生动而直观，尤其适用于字义容易以图画描摹的汉字，一目了然，省去很多讲解意义的过程。如“雨、雪、哭、笑、山、林”等。

3）展示。通常用同一张卡片的正反两面分别展示形、音、义。利用卡片的好处是：灵活机动，利于多方式反复操练，方便复习。主要适合于初期的认读教学，书写方法还需要板书来补充。

（2）教授汉字的技巧。注重形、音、义相结合，是汉字教学基本原则之一。形、音、义是汉字的三要素，都是需要在教学中分别进行讲解的内容，在教学的过程中要注意三者的结合。对三者的讲解和教授各有不同的技巧，但在内容上又要时刻注意把三者联系起来。

1）教写字形的技巧。

第一，笔画。教学初期，在教给学生基本笔画的名称之后，学写具体汉字时，不断地强调书写笔画的正确方式，可以帮助学生纠正“画字”“倒拉笔顺”的错误。常用的有两种方式：①在汉字上用箭头标示笔画的运笔方向；②一笔一笔地展示汉字的书写过程。此外，目前也有大量的关于汉字书写笔画和笔顺的网络资源和软件，教师可以搜集并介绍给学生，从而辅助学生的课外汉字学习。

第二，结构。一般常用图示的方式来分析讲解汉字结构。

2）讲解字义的技巧。字义讲解技巧的核心就是“以形释义”，目的是建立形义之间的联系。

第一，借助实物释义。有些实义的汉字，可以充分利用随手可得的具体事物来释义，如“手、足、头、桌、门、书、窗”，学生一看就明白，无需要再费口舌。

第二，图片释义。参见上文的图片展示汉字。

第三，利用形旁释字。形旁多表示类别意义，相同形旁的汉字往往有着相同的意义类属。形旁释字，不仅容易讲清汉字的意义，而且有利于促进部件意识的形成。

形旁教学应该在学生有一定识字量、有部件意识之后开始。最常用的方法就是归纳法。这时候，教师可以帮助学生总结同一形旁的汉字，以旧带新，在归纳的过程中，讲解形旁的表义功能。

例如，学习“袜”字的时候，教师可以这样讲解：

教师：（边讲边板书）以前学过的“衬衣”的“衬”、“裤子”的“裤”，和这个字的左边是一样的，还记得表示什么意思吗？

学生：衣服。

教师：对，就是“衣服”的“衣”变成的，表示人穿的东西。这个字念“wà”，也是人穿的东西，穿在脚上，在鞋的里边，是什么？

学生：socks?

教师：对。“袜子”就是 socks。

这样，不仅教了新的汉字和词，还强化了学生对“衣字旁”的认识，一举两得。

利用形旁释义，还要特别注意形近的形旁，进行辨析。在上面的例子中，教师就可以顺势通过字义的分析，辨析形旁的细微差异。

除此之外，形旁的变形规律也可以帮助解释字义。例如“心”，在汉字的左边（“怀”）和下边（“想”）有不同的写法，但表示相同的义类。这样的归纳对比，不仅有利于字义的学习，还可以通过归纳减少记忆的负担。

第四，借助古文字形体释字。这种方法主要限于个别的意义演变不大的象形字和会意字。如：

山 木 日 月 人 大 休 林 看 明 好 尖 众

这种方法可以在某种程度上提高学生的兴趣，但切忌过度使用，否则容易造成同时记忆古今文字形体的不必要的负担。

第五，俗字源和联想释字。前面已经提到，俗文字的东西可以适当地用在教学中，有些还是十分有效的。如：

买、卖——没有“十”的要去买，有的才可以卖。

安——女人在房子里，让人感到很安全、平安。

雨——想象这是一面窗户，窗外下雨，雨点打在窗玻璃上。

泪——从眼睛里边出来的水。

这种方法一定要注意把握适度的问题，千万不可滥用。

3）教字音的技巧。教字音的时候要格外注意同音字和近音字的辨析。由于初学者对汉字形、义之间的联系比较陌生，很容易混淆同音字和近音字。例如“在”“再”二字都是比较早接触且比较常用的，读音完全相同，这样的字在教的时候应该跟同音字进行对比辨析，并设计相关练习进行巩固。

在进入合体字教学阶段后，形声字的声旁应该受到充分的重视。可以引导学生利用声旁类推读音，然后再利用类推成功和不成功的案例说明声旁表音性及其局限。帮助学习者正确认识并合理利用形声字的声旁来学习汉字，也是建立形音联系的关键所在。例如学习“景”：

教师：猜一猜这个字念什么？

学生：京（jīng）？

教师：对一半，声调应该是三声：jǐng，scenery，风景的景。

这样，通过声旁猜字音，学习生字，还强化对声旁的认识。

（3）练习汉字的技巧。

1）认读练习。这主要是通过强化刺激，使学生把汉字的形、音、义作为一个总体来掌握。对一般的汉字，可以采用以下方式：出示字形念字音，说字义；出示音义，选择正确字形；认读词句、解释意思。在这里，卡片是一种很好用的工具。需要注意的是同音字、近音字、形似字，这类字更应该设计较多的认读练习，在对比辨析的过程中巩固学习的效果。

2）字形练习。①笔画。给出汉字让学生按顺序说笔画名称，数出汉字笔画数，写出指定的笔画，增加一笔变新字，改变一笔变新字，找出笔画数相同的字，分析笔顺等。②结构。画出汉字的结构图，按照结构图写汉字，按照结构给汉字归类等。③部件。根据以部件为中心的原则，部件的练习十分重要。

二、现代对外汉语的语言文化教学

（1）介绍中国历史。在语言学习中介绍中国历史与中国历史课不相同，并不需要学生去记忆历史年表，也不需要学生去接受我国的历史观和价值观。中国是历史悠久的文明古国，历史故事、寓言、传说数不胜数，其中有非常多的材料非常适合进行语言教学。介绍历史最好从学生已知的知识开始。介绍历史要有趣味性。中国历史很多时候故事性很强，画面感也很强，可以很好地加以运用。介绍历史要针对不同学生采用不同材料，让学生容易接受，乐于接受，在有趣的故事里接受和了解中国文化、中国历史，进而对中国文化的内在精神有所了解。

（2）介绍中国国情。中国国情主要指向学生介绍当代中国的经济、社会、教育、文化等知识，这是文化教学的重要内容。随着中国影响力的提升，越来越多的外国人开始比较多地接触中国文化。教学中要利用一些现实的事例来展示“中国治理”“中国经验”的成功，如介绍改革开放给中国带来的巨大进步，通过电子产品、电子商务、高铁建设这些具有世界级水平的成就形象地展示中国的发展。

（3）介绍中国地理。地理可能是最现实和最有用的中国情况介绍，学生一般比较感兴趣，掌握好地理知识对其了解中国文化很有帮助。因此教师要根据学生的兴趣来介绍中国地理知识，并由此介绍相关的中国文化知识。

（4）介绍中国民俗。中国人口众多，地域辽阔，各地、各民族风俗千差万别，要充分利用大量鲜活有趣的材料进行教学。一般而言，可以从节庆、饮食、婚丧、语言、艺术等多个方面来介绍民俗。需要注意的是，民俗的介绍不是为介绍而介绍，要为语言学习服务，不能脱离学习者的语言水平。

第三节　现代对外汉语不同课堂教学实施

一、现代对外汉语阅读型课堂教学的实施

“在对外汉语阅读教学中，学生不仅可以学习到大量的汉语知识，还

能拓展自己的知识面，了解更多的语言文化内容。无论是汉语语言的学习，还是其他课程的学习，都需要以学生为中心，提高学生学习汉语的积极性，从而让学生自主地学习，从根本上提升自己的汉语运用能力。”[①]

阅读课型分精读课和泛读课两大类，它们虽然同属于阅读课型，都肩负着吸收和输入语言文化知识的重要任务。但两者还是有区别：精读课侧重于知识，即重视知识的传授和接收；泛读课侧重于能力，即重视阅读能力和阅读技巧的提高。这就是对外汉语教学要分设这两门课的原因。

泛读课是阅读课型的一种，它的主要任务是提高学习者的阅读能力和阅读技巧。它在语音教学、词汇教学、语法教学等方面，比较粗疏，而在视读，诸如联想、预期、猜测和跳跃等方面，下功夫较多。就这个意义而言，精读课偏重于语言知识的输入，泛读课则偏重于语言知识的应用。

（一）精读课堂教学的实施

1. 精读课课堂教学的步骤

精读课文的教学步骤没有一个绝对不变的定规，应根据课文内容的实际情况采取多种形式。如果把词语、语法视作外围，课文内容视作核心的话，那么教学步骤一般有下列三种：

（1）由外入内，即先进行词语和语法点的教学，扫清外围（词语和语法）的障碍，然后步入课文教学。

（2）由内到外，即先教学课文，然后再辨析词语，归纳语法规则。完全按照课本编排的次序进行。

（3）内外结合，即在进行课文教学的同时，遇到新词就指导学习者看生词表，并作些解释；遇到新语法现象，就指导学习者看语法点介绍，并进行讲解。然后继续课文教学，如此循环，直至结束。或者教十来个生词，教一段课文，再教一批生词，再继续教一段课文，把课文分成若干个片段进行教学，最后再归纳语法规则。

2. 精读课课堂教学的方法

精读课的教学方法也没有固定不变的框框，主要是视课文内容的具体情况，将一些教学方式诸如读、问、听、说、思、写、讨论等灵活地加以

---

① 寇蔻．对外汉语阅读教学思考[J]．文渊（高中版），2020（6）：382.

组合，以完成精读课学习和积累词语和语法点、提高阅读理解能力的教学任务。

（1）读。读是精读教学的重要环节，可分为朗读和默读两种。

1）朗读。朗读是出声音的读，包括听读、领读、跟读、齐读、轮流读、分角色读等。听读是学习者听教师读或听录音，其作用是了解全文概要。领读和跟读是由教师示范朗读，学习者模仿教师的朗读，其作用是用正确的读音刺激和影响学习者，使之读准词语和句子，因而一般不采用学习者领读的方式，怕有误导。分角色朗读是由几名学习者各自朗读课文所出现的不同人物的话语，其作用是体会角色的思想感情，读准语气和语调。齐读、轮流读，其作用是调节课堂气氛，调动全班学习者的学习积极性。轮流读还可检测学习者朗读的音准和理解程度，有时可与纠读（教师纠读或学习者纠读）配合。齐读则纯粹是为了活跃气氛。

2）默读。默读是不出声音的读，包括视读、跳读、扫读等。视读是边看边读，虽然不出声，但对处于初始阶段的外国学习者来说，他们的口腔、舌头仍然暗暗地运动。这种方式常和听读配合使用，其作用是把听觉或视觉跟口腔肌肉运动联系在一起，提高辩读和认读的能力。跳读是按教师的要求或提问从课文中寻找有关段落或语句的读，其作用是培养和训练学习者边读边思索的能力。扫读是要求快速地浏览、阅读，其作用是在有限时间内了解全文的大概，大多用于泛读课，也可用于精读课文后面所附的阅读材料。

朗读和默读同样是读，但朗读时，学习者的注意力侧重于语音，对语句的意义可能比较放松；默读时，学习者的注意力侧重于意义，对语音比较放松。因而，朗读与默读应配合起来使用。

无论是朗读还是默读，都有对句子和词语的切分问题。切分的正确与否，直接影响对句子和词语意义的理解。句子之间或句子内部如若有标点符号隔开的地方，学习者当然不会切错，但一个句子的内部还存在着一些逻辑停顿的地方，尤其是内容比较复杂的长句子，不可能一口气读出，中间均需换气停顿。这种停顿实际上就是一种切分，也就是把句子分割成一个个意义单位（词语或词组）。如果切错了，把词语的前一语素切给前面的词语，或把词语的后一语素切给后面的词语，或把不能分割的词组一分为二，则会造成语义的改变，引起理解偏误，或导致病句。

（2）问。问是精读课最基本的教学方式，以提问题的方式引导学习者去钻研和理解课文的句子、层次和篇章的意义。它可以吸引和转移学习者的注意力，集中于某个内容，使教学按既定的方案顺利实施。问，依据内容、功能、目的、作用等不同标准分为提示问、关联问、连环问、随机问等类型。

1）提示问。提示问是就课文的情节和内容的线索提示学习者思考或讨论的一种提问方式。按照情节线索可以问时间（如“发生在什么时候？”“什么时候改变的？”“什么时候结束的？”），问变化（如“有些什么变化？”“怎样变化？”），问处所（如“发生在什么地方？”），问起因（如“是什么原因发生的？”），问后果（如“结果怎样？”）等。按照内容线索可以问层次（如“有几层意思？”“层次之间的关系怎样？”），问条件（如“产生结论的条件有哪些？”），问理由（如“产生结论的理由是什么？”），问结论（如“结论是什么？”）等。

2）关联问。关联问是就相关语言知识和相关文化知识进行提问的一种方式。学习者的认知，往往是在已知的基础上，通过同化或顺应来认识和接纳新知、未知的。运用提问，让学习者回忆起过去学过的知识和经历过的体验，对于理解和接受新知识和新内容有很大帮助。这种提问方式一般在文化导入或学习新词语和新语法点时应用得较多。

3）连环问。连环问是预先设计好一系列相互有联系的问题，一个接着一个地问，随着这些问题的一一解答和揭晓，抽茧剥笋，新知识和新内容的面目就愈加分明。例如，教材中叙述一个人做了某事，就可设计下列一串问题：他遇到了什么？采取了什么行动？对事情的进展有什么作用？有什么不利的地方？后果怎样？这说明了什么？你对这个问题是怎么看的？等。

4）随机问。随机问是随着教学的开展，教师觉得某个问题有提出来的必要而临时发问的一种方法。随机问有特指问和追问两类。特指问一般用“为什么……？”，追问一般用“你怎么知道……？”“对……你是怎样想的？”“你认为……怎么样？”等。教师在教学中常喜欢用“为什么？”来引起学习者的思考和注意，实际上就是一种随机问。对于有经验的教师来说，随机问的问题不必事先设计，他们能根据教学的具体情况而临时设计一些问题。用这些问题来衔接教学活动，调节教学节奏。

问题设计是问的关键。一般宜运用“怎样”“怎么样”“什么”“为什么”“谁”“哪些”等疑问代词来设计特指问的问题，可以问目的（如“这样做是为了什么？”），问方式或手段（如“怎样完成的？”），问原因（如“为什么会这样？”），问条件（如“哪些方面促使他这样做？”），问对象（如“谁让他这么做？”“为谁这样做？”）等，不宜用是非问（如“他是这样做的吗？”），因为是非问，只要回答“是”或“非”，过于简单，用不到多思考，对于理解课文意思以及开发学习者智力没有多大意义。

（3）听。听是辨别语音、培养语感的一种教学方式，有听读和听辨两个种类。

1）听读。听读是边听语音边看文字的结合，学习者听觉、视觉并用，多通道地接收语言信息，在头脑中的存留时间长，印象深，因而是精读课的阅读课文最常用的教学方式。听读，由谁来读是关键。在阅读一篇课文的开始阶段，一般是由教师或录音带用标准的普通话朗读，给学习者以正确的音感。此阶段不宜叫学习者朗读，以避免把不正确的语音语调输出给其他同学。待到一篇精读课文教学完毕，可以让学习者复读，此时学习者已有正确的语音先入为主，能够分析语音的正确与否，有条件和能力相互订正。

2）听辨。听辨是单听语音不看文字的一种方法。一般在听力课上采用较多。精读课运用这种听辩方式，主要是让学习者通过听录音来把握整篇课文的大概意思。这里有许多熟悉的词语和句式，也有一些新词语和新句式，它们一起构成句子、句群和篇章的意义。因而学习者在听的过程中，必然有许多地方凭猜测和跳跃来意会，不一定是真正的理解。不过，这对学习者养成汉语的语感，提高听力理解有诸多好处；同时也促使学习者在上课过程中把注意力集中在或比较多地分配给不太听得懂的词语和句式上，提高接受新语言知识的效率。

（4）说。说是检测学习者对课文理解程度的一种反馈方式，有问答和复述两类。

1）问答。问答是学习者向教师提问、请教或回答教师所提问题的教学方式。学习者在阅读理解课文的过程中，遇到困惑不解的地方能向教师提出自己的疑问，而且表达得让教师和同学都能听懂他的问题所在，这本身就是一种口语的训练。有的学习者心里有疑问就是哼哼呀呀表达不出自己的问题，或者干脆就不声不响；能提问的往往倒是学习比较好的学习者，因而，教师应多鼓励学习者提出问题。

学习者回答教师提出的问题，则更能测量他的阅读理解水平和组织语句的能力。一个学习者的回答不一定非常完整，可由其他学习者补充回答；回答有误，可由其他学习者纠正。如果学习者答非所问，可能有两种情况：一是教师提的问题不够明确；二是学习者对课文理解不深。教师对此可以改变问题的形式，或者启发、引导学习者细看课文的有关段落。

2）复述。复述是在熟读课文的基础上，不看课文而能把有关课文的情节和内容回忆、叙述出来的一种方式。可分为叙述性复述、描写性复述、概括性复述和创造性复述等。

第一，叙述性复述。叙述性复述是就故事情节的某一部分或全部加以叙述，俗称讲故事。叙述的详略当以学习者的记忆为度，没有必要求全责备，即使漏了一些情节也没关系。因为这种训练主要是让学习者重新组织语句，用自己的话来讲述，课文情节只提供他说话的内容而已。

第二，描写性复述。描写性复述是就故事中的场景或人物的外貌、内心活动等运用形容性和描绘性词语来进行复述。描绘的词语可以根据书上的内容，也可以根据学习者自己的理解而自由发挥。能够背出书上的语句来复述固然要加以肯定，自由发挥而用词又很贴切的则更值得赞扬。

第三，概括性复述。概括性复述是说出全文梗概或大意的一种复述方式。课文只提供情节和内容，没有概括性的语句可资借鉴，完全要靠学习者凭自己的理解和体会来构建话语而表述出来。这既训练了学习者的归纳和概括的能力，又训练了学习者遣词造句的能力。

第四，创造性复述。创造性复述是允许脱离或违背课文的情节和内容自行加工改编的一种复述方式。一般由教师提出具体要求由学习者来操作。如把会话体课文改编成叙述体来复述；设想课文有多种结尾；假设主人公不按照课文所说的那样做，情况会有什么变化等。这种方式主要是借课文的情节和内容训练学习者说话能力。虽然精读课的重心在于“读”，而有机会让学习者“说”，为口语课创造一些条件，并不背离精读课的宗旨。因为各门课程的大方向是一致的，都应该协调一致，共同完成教学的目的和任务。

（5）思。思是给出一定的时间让学习者思考，并拟就答题腹稿的一种教学方式，一般与“问”结合使用。实际上一堂课，教师不断地提问，学习者一直处在积极的思考之中，只不过那些问题并不太复杂，学习者思索所花费的时间并不多；而有的问题有一定的深度和难度，不是几分钟时间所能解决的，那就得给出一定的时间。由于一堂课的时间有限，不可能给予学习者更多的时间去思索和考虑，一般以五六分钟为宜，至多不超过十分钟。既然花费了较多的思索时间，答题的要求自然也要高一些，绝非一两句话就能回答了的，必须打好答题的腹稿，应用一段话来表述。因此，“思”这种方式，不仅能锻炼学习者的逻辑思维，深刻理解课文的意义，也能促使学习者运用目的语词语和句式来表达自己的想法和意见。

（6）写。写是训练书面表达的一种教学方式，有写字、写词语、写句子、写作文等类型。

1）写字。写字是书面表达的基础，尤其是汉字，笔画繁多，一个字一个样，且还有笔顺问题，因此除了布置课外的写字练习外，课内也应适当安排写字练习，主要让学习者认清字形结构和了解笔顺规则。对于有汉字背景（如日、韩）的学习者，尽管他们识得许多汉字，但毕竟在字形上还有一些差异，有的汉字是他们母语中所没有的，因此，也仍然有识字和写字的任务。至于欧美学习者则更要强调识字和写字，否则就谈不上书面表达。

2）写词语。写词语是熟悉新词语的一种有效方法，主要是写同义词和反义词，写词语的搭配和扩展，填写量词等。其作用是识别词语的形和义及其用法。

3）写句子。写句子是遣词造句的常用的方法，可以侧重在新词语的运用，也可以侧重在新句式的运用；可以将新词语或新句式使用在与课文相同的情景和场合，即水平迁移，也可以使用与课文不同的情景和场合，即纵向迁移。其作用是熟悉、消化、巩固和应用新句式。

4）写作文。写作文是联系课文的内容或模仿课文的写法而进行成段成篇的书面表达练习，俗称小作文，这是精读课教学的延续。可通过学习者的作文检测精读教学的效率和成果。

写字、写词语、写句子，一般可在一堂课的最后阶段即巩固新课环节中穿插进行；写作文一般可在整篇课文教学完成之后进行。

（7）讨论。讨论是一种群体互动，是集“问”“听”“说”“思”于一体的教学方式。常用的有分析性讨论、归纳性讨论、争辩性讨论和交流性讨论等类型。

1）分析性讨论。分析性讨论是就某个问题的成因和条件，或者事情的发展和变化，或者事理的结论和情节的结果等展开全班讨论。主要依据精读课文的内容去挖掘和剖析，但也不一定完全拘泥于课文，学习者可凭自己的社会阅历和经验去自由发挥。这种讨论的目的是要把学习者对课文的理解引向深层，同时借此提高他们口头表达的能力。

2）归纳性讨论。归纳性讨论一般用于归结段落大意和全文中心思想。这种讨论既能训练学习者的概括理解能力，又能训练他们的口语表达能力。此外，语法教学中的例规法，也常采用这种方法调动学习者一起参与归纳，这对锤炼语句和掌握规则都很有帮助。

3）争辩性讨论。争辩性讨论是就某个问题的不同看法进行争论和辩驳，有点像正方和反方的诘难和辩论。可以组成几个小组互相争辩，也可个人自由争辩。这里要发挥教师引导提示思路、及时归结争论焦点的作用，防止出现冷场或在枝节问题上纠缠不休，使争辩顺利进行下去。

4）交流性讨论。交流性讨论是就课文的情节和内容交流学习心得和体会。一般在学完一篇课文之后进行。主要目的在于相互启发，加深对课文的理解。

以上所分析的读、问、听、说、思、写、讨论等教学方法，不一定在一堂课中全部运用，可以选取其中的几种，是单用还是结合起来用，视教学的具体情况而定，一种方法也可以多次使用、反复使用。总之，教师应根据精读课文的内容以及精读课的进程，将这些方法灵活地加以组合，保证教学有计划、有节奏地进行。

（二）泛读课堂教学的实施

泛读课正好与精读课的精雕细琢相反，是泛泛而读，俗称浏览。泛读与查读、扫读有质的差别。查读是查阅有关资料的读法，犹如看报先看大标题，感到有兴趣的才去细看。人们查阅资料或翻词典检索词语，都是查找需要的、有用的才去阅读，对其他材料或别的词语毫不关心，毫不留意，这就是查读。扫读，是一目十行、囫囵吞枣地读，对材料中特别突出的、有意思的语句才稍加留意地读，并大致了解该材料所说的意思或所提供的信息。泛读与精读相比，都需要从头至尾地读一遍上，只是泛读的速度要求较高，遇到不懂的生词与疑难的语句不作细致的推敲，而是凭猜测和跳跃粗略地理解大概意思，就算完成阅读任务。人们在生活和工作中，泛读的机会比比皆是，而精读倒是难得采用的。因此，泛读课对于外国学习者今后的生活和工作具有实际的应用意义。

1．泛读课堂的本质特征

泛读是一种快速阅读，其认知的心理机制是把文字信息通过视觉接收，迅速地在语言神经中枢得到加工（即编码与解码）和反应（即匹配与提取），然后整合为命题与意义。这种泛读的心理机制跟一般的阅读心理过程是基本相同的，其不同在于：一是快速浏览；二是猜测和跳跃。

（1）快速浏览。所谓快速浏览，外显的行为是视觉在文字串上停留的时间极短，可以说是一瞥而过，只有遇到新词语或疑难句的地方才稍加停留或读完这个句子后再回视。然而其内隐的心理活动却经历了非常复杂的加工运转：首先要把书面的文字信息通过视觉的分解和接收，传递到大脑语言神经中枢，凭文字形体的空间信息（有些熟悉的文字形体还能马上唤醒其声音信息），极其迅速地与语言网络中的有关词语（包括多个义项）匹配，并立即提取到工作记忆，在那里重新整合为句子，选择词语的义项，确定句子的命题与意义。所读的每一个句子差不多都经历这种心理活动过程，直至全文结束。尽管内隐活动过程是那么的繁复，但它和外显行为几乎是同步的，即边看边理解。因而，泛读是需要一定条件的，那就是词语和句式绝大部分是熟知的、复现的，即使有一些没接触过的词语，也可利用已有知识去推测和认识。

（2）猜测和跳跃。所谓猜测和跳跃，是遇到不太熟悉的词语、句式或陌生的新词语、新句式，或者干脆跳跃过去，把前面的意思跟后面的意思遥相连接；或者凭前后文的意思去猜想和推测大概意思，不求甚解。这里实际上包含了想象和联想的心理活动，有一定的合理性。人们阅读理解的速度，固然主要依靠语言知识的熟练运用，但社会阅历、生活经历和世界知识所形成的图式，如物体图式（由物体的诸多属性组合而成的知识结构）、概念图式（由概念的本质特征和描述性特征的知识结构组合而成）、事件图式（某种情景下将会发生的一系列小事件及小事件之间的关系所合成的知识结构）、场景图式（某类情景发生的地点或场合的知识结构）、角色图式（关于某种身份、职业、年龄……的人在某种情况下如何活动的知识结构）、故事图式（关于复杂事件的叙述方式或叙述的顺序、人物的活动、情节的构成及相互之间的联系等的知识结构）等，可以帮助人们对泛读材料所蕴含的意义做出预期或判断，即通过图式的想象和联想，对具体语境规定下的词语和句式的意义做合理的猜测和跳跃，从而把握全文的主要意思。

泛读在对外汉语教学中是一门重要的课程，它至少有三个方面的作用：一是使已学习和积累的词语和句式更活跃、更熟练；二是可在泛读过程中吸收一些新词语和新句式；三是可增强汉语语感。

2. 泛读课堂的影响因素

外语泛读和母语泛读有许多不同之处。母语泛读是直接理解，词语信息反映到学习者头脑中立即形成命题和意义，比较快捷；外语泛读不完全是直接理解，有些词语和句式还得在头脑中翻译和转换成母语才能形成命题和意义，相对地说，速度比母语泛读要缓慢一些。学习者在习得母语时，本国的许多交际文化、习俗文化和知识文化是同时吸收和获得的，因而母语泛读的条件较好，障碍较少。学习者在学习外语时，目的语国家的交际文化、习俗文化和知识文化可能只学到一部分，也并不谙熟，因而外语泛读的条件就没有母语泛读那么好，障碍较多。另外，从思维方式来说，学习者对本国人的思维习惯和方式以及思维理念是熟知的，习以为常的，而对目的语国家人们的思维习惯和方式以及思维理念是比较生疏的，有些地方还难以理解，因而外语泛读就没有母语泛读那样通畅。当然，学习者对母语语言知识的掌握要牢固、丰富和深刻得多，这也是母语泛读优于外语泛读的重要原因。凡此种种，都影响着泛读的速度和质量。

3．泛读课堂教学的原则

为了保证泛读课的顺利进行，教学应遵循以下三项原则：

（1）材料的合适性。泛读的材料是否合适，跟学习者能不能进行泛读有着直接的关系。文字和内容过深，学习者难以读懂；文字和内容过浅，则失却训练的意义。选择材料应注意下列三个控制：

1）控制篇幅长短。篇幅长短跟材料的深浅和学习者的接受能力密切相关。处于初级阶段的学习者，泛读水平较低，篇幅不宜过长，以 300 字为度。中年级已有泛读能力，可略微加长篇幅，以 500 ~ 800 字为度。高年级泛读已有相当基础，可适当加长篇幅，以 800 ~ 1 500 字为度。篇幅过长，则超越学习者的驾驭能力，可能会前读后忘，达不到泛读教学的目的。

2）控制内容深浅。泛读材料的内容要符合学习者的知识范围和接受能力，文化内涵过于深奥的、专业性过强的、人物关系和情节变化过于复杂的，不宜作为泛读材料。

3）控制新词语和新句式的数量。泛读材料中的词语和句式大部分（80% ~ 85%）应该是学过的或接触过的，这是泛读的语言基础。容许有小部分（15% ~ 20%）的生词和新句式，以训练学习者猜测理解和跳跃理解的能力。

（2）时间的限定性。泛读对速度有一定的要求，所以时间上要有所限定。一般而言，500 ~ 800 字的短文，要求 5 分钟左右读完；800 ~ 1 500 字的短文要求 10 ~ 12 分钟读完。当然，具体的时限还需斟酌材料内容的深浅和新语句的难度而定。

（3）教学的节奏性。泛读一篇材料的时间仅 10 分钟左右，一堂课可泛读好几篇材料。如果一篇接着一篇地阅读，学习者很容易疲劳，会导致大脑皮层的抑制，效果并不好。因此，教师要讲究教学的节奏，泛读一二篇材料后，要利用间歇时间开展别的教学活动，如介绍有关文化知识，解释一些词语，做些造句练习等，调节和活跃课堂气氛，然后再继续进行泛读。

4. 泛读课堂教学的要点

泛读教学既然不同于精读教学，那么精读教学的一些教学措施和方法就不一定完全适用于泛读教学，有的则要经过改造和变通，以符合泛读教学的特点。

（1）视读为主。泛读教学以视读为主要方式，虽然也可穿插一些口头的问答和讨论，但原则上是让学习者各自默读、理解和思考。至于像精读课那样的出声朗读，一般不宜采用。也就是说，泛读强调的是文字与语句的外部形式跟意义的直接联系，不以文字与语句的声音作中介。这对于有汉字背景的学习者（如日本人、韩国人）来说当然没有多大问题，但对没有汉字背景的学习者（如欧美人）来说，离开语音信息刺激，仅凭文字外形来理解语料，且有一定的速度要求，的确是一件难事。所以泛读教学对不同的学习者，应有不同的要求，采取不同的方式。例如，对没有汉字背景的学习者的泛读，可以采取以下措施：

1）放低速度要求。日、韩学习者一般用 10 分钟能读完的一篇语料，欧美学习者起码延长 5 分钟，可视实际情况而定。

2）选择篇幅短小的语料。欧美学习者泛读用的语料，篇幅不宜过长，低年级在 200 字左右，中高年级不超过 1 000 字。

3）严格控制新词语、新语法点的出现比率。欧美学习者识记和积累汉字（词）相当不易，运用熟词推测词义素来也比较困难，所以语料中的新词语和新语法点只能占 5%～10%，超过这个比率，就很难读懂。

4）将一些不可能跳读的难词、难句注释在黑板上。泛读虽然容许跳跃语句，但若跳跃幅度过大，语意不知所云，学习者自然也无法读懂。因而，作些必要的注释可保证泛读的顺利进行。

5）将学习者还不太熟悉的词语在黑板上注音。增加声音线索，以唤醒学习者脑库中的词语，从而理解词义，也不失为是一种较好的办法。

如果班级中全部是日、韩学习者，则可在速度、篇幅、词语、句式等诸方面提高泛读的要求。如果是不同汉字背景的学习者混合编班，则首先要从没有汉字背景的学习者的实际情况考虑，降低要求和标准。对有汉字背景的学习者则可增加其他要求如书面回答问题等，以满足其求知欲望。

（2）问题设计。对学习者的泛读结果的测定有书面、口头两种，以书面为主。测定的方式是回答问题，大多采用选择题，这里就要考虑问题的设计。

1）问题设计的内容。泛读材料的题材是多方面的，如通讯报道、新闻、消息、广告、小小说、说明书等，体裁也不拘一格，记叙体的、说明体的，甚至会话体的，都可作为泛读的语料。因而问题设计的内容范围是比较广的，但不一定要有多少深度，只要能扣住语料的内容、并能测定学习者的理解程度就行。

泛读的问题按内容划分有问时间、问地点、问数字、问人物之间的关系、问对象、问起因、问结果、问中心思想、问词语意义、问句子意义等。

2）问题设计的技巧。泛读的问题既然大多采用选择题，那么拟定问题就要注意以下事项：

第一，以选择单项答案为主，不采取选择多项答案的形式。因为一个问题如有多个答案，无非是从不同角度来回答而已。这类题目过于复杂，容易搞乱学习者的思路。

第二，选择单项答案的被选项至少要有 3 ~ 4 个，这些答案互相之间应该是并立的（甲、乙、丙、丁各自独立）或排斥性的（非甲、乙、丙即为丁，非乙、丙、丁即为甲，……），决不能是包含的（甲中有乙，乙中有丙，……），便于学习者根据自己的泛读理解去选定。

第三，所草拟的各项答案，最好是跟语料上的语句有关系的，这样才能比较客观地测定学习者的泛读理解程度。测定泛读的效果也可采用是非题，“是”题一般是按语料的句子或语料的意思来组织语句；“非”题常常是有意曲解意思或遗漏某些因素来组织语句。这类题目对测定泛读效果有一定的作用，但题目如果出得似是而非的话，会导致学习者钻牛角尖，争论不休。

第四，提出问题的时间。泛读提问有读前提问和读后提问两种。读前提问是指导阅读的提问，让学习者带着问题去阅读，阅读的注意力集中在这些问题上，不会在枝节问题上纠缠。一般采用思考题，不采用选择题。读后提问是在学习者读过语料之后的提问，一般采用是非题或选择题。问题提出后，应安排一点时间让学习者按问题去回读和反思，寻找正确答案。

（3）背景导入。泛读课的文化背景导入，应简明扼要，且带有提示性质，一般有下列四种。

1）文体提示。说明该泛读材料属于哪种类型（如新闻、消息、报道、广告、说明书等），哪种体裁（如记叙文、说明文、小说、对话等）。

2）内容范围提示。说明该泛读材料属于哪些内容范围（如历史的、地理的、社会的、经济的、医药的、动物的、植物的等）。

3）历史背景提示。说明该泛读材料述说的内容所涉及的历史背景（如发生的年代，当时的政治、经济状况等）。

4）习俗文化提示。说明该泛读材料中蕴含的有关习俗（如婚姻、丧葬、节庆、居住、饮食、服饰等）。

（4）讨论。讨论是因为学习者对答题有不同看法而引起的，引起争议的原因有三个方面：

1）问题设计措辞不恰当，有歧义，或选择项有包容交错现象；

2）学习者对目的语国家人们的价值观念或思维方式不理解；

3）学习者以自己国家的思维定式或理念去理解语料，选择答案。

教师对学习者的争议不宜马上表态，可引导学习者发表自己的理由，如果讨论到最后有了一致的正确意见，则应加以肯定；如果相持不下，则应及时进行说明和解释。当然，如果学习者在答题方面没有分歧，个别学习者虽然有错，但很快领悟而纠正，那就不必展开讨论。

二、现代对外汉语口语型课堂教学的实施

口语是外语学习的重要课型。传统教学法重视阅读和翻译，忽视说话技能的训练，致使许多外语学习者能看不能说。从直接法开始，主张听说领先，才扭转这个偏向，把口语课摆到了主要的位置。

口语课在相当长的一段时间里，都是机械的模仿，也就是反复地背诵和操练一些典型的句子，然后再根据这些句子进行替换，从而达到“会说”的目的。这在初学者的学习过程中确实起到了一定的效果，但是如果长时间的坚持，会使学生的创造力无法得到充分的发挥，从而影响到学生的汉语学习。于是教师在外语教学实践中创造和积累了种种行之有效的口语教学方式和训练说话技能的方法。

口语课分为两种，一种是对话，一种是独白。尽管这两种口语方式都是语言的一种表现形式，但是独白具有沟通的功能，不具有交际的功能。这就要求对话必须遵守对话的情境和对话的原则，否则对话就有可能失败。当然，独白也要看人的见识和接受程度，但总体来说，没有对白那么苛刻。不管是对话还是独白，都是说话人将自己的想法组建成一个命题，经过词语的匹配、提取和组合，转化为一个成语的音符，再由嘴巴发出声音，进行表达。所以，从思维到表达的言语，要经过三个步骤：言语规划（也就是思维）、句话的构造（也就是词语的选择、提取、组合），说话的执行（也就是将言语规划的内容用声音表达出来）。

由于对话本身就是交流，说话人与听话人之间必须要有相应的回应和

回答。这就构成了三种语言表达方式：一是功能语言，用于表达询问、请求、感谢、邀请、建议等语言功能；二是承接性的言语，是指用来表示回答、同意、否定和拒绝的态度。这两类话语常常结合在一起，构成对话的基本形态。三是叙事性的言语，即插在对话中间的主语，是谈话的中心，强调话题的展开、转换和结束。这三种话语配合得当，交际的效率就高。

口语的训练方法繁多，总括起来有单项训练和综合训练。单项训练有的偏重思维（即话语计划）训练，有的偏重遣词造句（即话语构建）训练，有的偏重声韵调（即话语执行）训练。综合训练有的偏重语篇（即独白）训练，有的偏重交际（即三种话语的配合）训练。教师若掌握这些口语表述的机制和特点，会大大提高口语课的教学效果。

（一）口语型课堂教学的要点

课堂教学和培训仍然是汉语口语教学的重要手段。在汉语课堂中，教师应该根据口语对话的特征，把握口语中的语言成分，把所学到的语言知识转换成口语技能，使学生能够更好地利用所处的环境来进行言语交际。

1．注重不同性质的话语训练

口语教学的内容可以概括为三种话语：承接性话语，功能性话语和叙述性话语。训练的重点应放在这几种话语的搭配和协调上。

（1）承接性话语。承接性话语是指发话者根据对方的主题，作出基本的回应，以表明自己的态度，并将自己的观点传达给对方。以下是回答问题的答案，例如："可以，但不能，确实，是的。"这种语言在日常会话中使用较多，应从日常口语中抽取并归纳成汉语口语的一部分。

（2）功能性话语。功能性话语是指讲话者表达其言语行动的预期和意向的言语。同一句子（也就是同一主张）可以有不同的预期和意向，例如断言、询问、警告、命令、请求等，都是有区别的。例如：命题——衣服，洗。加上不同的功能性话语，就能表达不同的期望和意图：

衣服洗好了。（断言）

衣服洗好了吗？（提问）

你怎么可以不洗衣服呢！（警告）

你要把衣服洗好！（命令）

请帮我洗一下衣服！（请求）

对不起，你的衣服还没洗好呢。（道歉）

（3）叙述性话语。叙述性话语是指讲述事件、见闻、经验等内容的语言，可以举例、引述、说明、追述、追根溯源、讨论影响、得出结论等。它的表现形式也很丰富，可以是一句（包含多种类型），也可以是复合句（包含多种联系），还可以是一个句组。在口头教学中，记叙文也确实是言语交际的一部分，应当在口语教学中加以培养。口语课无法独立完成，应结合阅读、听力、口语、报刊、文化等多种科目。

这三种话语，不管是什么，都是大脑通过词汇和句子的选择，将它们结合在一起，然后通过语言的方式，把它们转换为声音代码，再通过语言的形式，发送到嘴巴的肌肉中。

2．话题的展示、扩展与结束

在日常生活中，交际话语固然重要，但它只能简单地表述某种意思，复杂一些的思想和意念就得插入叙述性话语来表达。叙述性的话语是指讲述事件、见闻、经验等内容的言语，它是以主题为中心进行的。主题在口头表达中占有举足轻重的地位，可以说是话语表达的中心。它是由话题提出、话题扩展与话题结束三个要素组合而成的。

（1）话题提出。话题提出就是将要讲的主题放在谈话的核心位置，是一种语言表达技能，要求学生通过口头练习来熟练地运用。口头主题的表达方法有很多种：

1）疑问性提出，说话中用疑问形式或反问形式提出话题，容易引起听话人的注意。而且开门见山，说话可以集中在所提出的话题上，不易跑题。例如谈论交通问题，为了述说中国自行车特别多的现象，说话人就可这样提出话题："为什么中国称为自行车王国？"或"你应该看到上下班时行驶在马路上的自行车吧？"这就为话题的展示留下了述说的广阔余地。

2）叙述性提出，这是把所见所闻以叙述形式锁定在一个话题上，然后再加以细说的一种口语技巧。这样谈话有个中心，不至于太分散。例如漫谈旅游，说话人想集中讲述最近的一次游览，就可直接提出："上星期日我与几位朋友一起去了无锡"，下面就可从容地述说漫游无锡的见闻了。

3）承接性提出，这是由对方询问或提出一个话题，说话人承接这个话题而做出回答的一种口语方式。现有的口语教材大多采用这种方式来编写对话，把一个话题采用一问一答的形式，分拆成几组问答来展示。这样可避免说话的冗长和沉闷，以增加教材的生动性。实质上这种编写方法是把说话人所要述说的话题，改为由听话人来询问或提出。这可以说是说话人提出话题的一种变式。不过这只是方便口语会话的训练，实际生活中说话人要说的话题和内容，听话人未必都能提及或点到，常需说话人自己提出来。例如交谈观看京剧，对方可能问及剧目、演出状况、观众反响等，但没涉及音乐和服装方面的问题，而这恰恰是说话人最想发表的观感，那就可由说话人自己提出来加以评述。

4）插入性提出，这是一种口头表达，当谈话的人在谈论一个主题时，会想起另一个主题。比如，当谈论足球比赛时，话题参与者的人想起了讨论的球队在过去比赛中成绩，就加入了讨论。

（2）话题扩展。话题扩展是对所提主题进行叙述、解释和扩充的一种讲话方法。主题的引入仅仅是一个构架，而主题的延伸则是填充了内容。从这种角度看，在英语口语中，话题扩展的作用要远远大于主题的产生。话题扩展有以下几种方式：

1）列举性扩展，这是列出几种事物或事例以展示话题的一种说话方式。例如罗列时令水果的品种、数量和价格来展示水果丰富这个话题。

2）介绍性扩展，这是一种用来使人对一个主题产生深刻影响的语言形式。例如，游览名胜古迹，导游或者从历史顺序、地理顺序来介绍景点，或者重点介绍景点的特色和特产等。

3）解释性扩展，这是就某个话题的文化内涵或历史成因等进行解释以揭示话题意义的一种话语方式。例如遇到中秋节，必然会谈到嫦娥奔月的传说以及吃月饼的风俗等，从而展示出中秋团聚的意义。

4）说明性扩展，这是对某个话题进行必要的说明以突出话题重要性的一种话语方式。例如谈论中医针灸，对针灸的性质、原理和疗效作一个说明，就能把话题提到一个重要的位置。

（3）话题结束。这是说话人向听话人宣告谈话结束的一种话语方式。除了简单地用“今天就谈到这里”表示结束外，常用的结束话题有以下方式：

1）下结论结束，这是展示话题比较充分，意见渐趋一致的情况下，由说话人做出结论的一种话语方式。例如叙谈参观万里长城的感想，最后说话人提出自己的看法：中国古代劳动人民的创造真了不起！以此来结束这次谈论的话题，有画龙点睛的作用。

2）溯原因结束，这是归结原因来结束话题的一种话语方式。例如，谈论同学们体质有所增强这个话题，最后归结到是加强体育锻炼的缘故，这种结束能揭示出问题的实质。

3）谈效果结束，这是在谈论或推行某种措施或方法最后以效果作结的一种话语方式。例如谈论学习方法的话题，最后摆出课内与课外结合而收到的良好效果，这种结束加强了话题的感染力。

4）转换性结束，转换话题实际上是结束老话题而开启新话题的一种话语方式。这种转换依据前后话题的关系可分为两类：一类是关联性转换，如从谈论电影转到旅游，它们同属于娱乐活动，互相多少有些关联；另一类是无关联性转换，如从谈论学习转到饭馆，完全是风马牛不相及的转换。

对外汉语的口语教学，抓住话题的提出、展示和结束来进行学习和训练，就能把学习者从初级而简单的会话，提高到高级而复杂的会话水平。

3. 交际语境的适应

（1）语境的语义确定作用，语言环境在会话教学中所起的作用，主要体现在两方面：有利于词语的理解和识记，有利于表达的准确和贴切。语言形式结合语境出现，即使是单词，结合情景教学，也能使其语义解释更准确、搭配功能更明了，因而更易于记忆和运用。特定的语言环境可以帮助学习者理解和掌握词语的语义和用法。在英语口语中，创设情境，借助于情境，可以缩短学生的学习和记住新单词和新单词的能力。例如在茶馆里喝茶，日本学习者看到了很多跟茶有关的实物，语境提供了无意识记忆的条件，使他们很容易地记住了如“紫砂茶壶、茶碗、瓷器”等词语。

不仅词语的学习如此，短语句子也是在语境中才得以充分体现其价值的。在不同的语境中，短语句子有其不同的功能和作用，而它在运用中的贴切性和得体性也常常通过一定的语境才能表现出来。例如“你急什么”这个句子，在不同的语境中有其不同的功能和作用：

看你慌慌张张的，你急什么？

保险柜的钥匙找不到了。

这里的“你急什么”表示询问。

你急什么，时间还早呢。

“你急什么”意为“不必着急”，用于规劝。

你急什么，我才急呢！

“你急什么”表示否定，要说明“急的人”是“我”而不是“你”。

在何种语境使用哪些短语句子是有其内在的规定性的，会话教学中结合语境，可以更明确、具体地向学习者揭示这种规定性，并将其落实在语言实践中。

（2）语境的设计运用，在对话教学中，可以设计和运用的语言环境是多种多样的。在教学目标需要下，可以设计、营造、挖掘和使用有助于学生进行会话教学、促进学生英语口语表达的语言环境。

在对话教学过程中，语境的使用可以通过对已有的语言环境和情境来达到教学目标。当前对话课堂中存在的情境是：材料语境与即时语境。

1）材料语境，即课文语境和声像语境，这类语境的利用有顺应性利用和发挥性利用。顺应性利用是语言材料中出现什么就利用什么，大多见于上下文语境的利用，如上文所举的上下文语境和情节性语境的例子就属于顺应性利用。影视材料中就某些片段展开话语交流也是一种顺应性利用。发挥性利用是通过对语言材料的联想和扩展来进行的。例如，看了一个影视片段后由学习者按各人的联想或猜测接续故事，或组织讨论等。

2）即时语境，即时语境也是一种可充分加以利用的语境。这类语境的利用要求教师在了解掌握学习者的认知状态、文化水准、社会背景的基础上，通过细致的观察，不失时机地抓住有利于学习者语言知识的掌握和言语能力的提高的各种条件和机会，从而形成良好的环境因素。例如，学过了委婉的拒绝以后，在饭店点菜时，服务员介绍过多的菜肴，学习者要表示拒绝，但情急之中常常只会说“不要了，不要了”，这时就可以利用当时当地的人、事、情，告诉学习者可以说“谢谢，我们先点这些，不够再添”等。再如，到杭州旅行，看到西湖的风景，留学生很兴奋，这时就可以引导他们运用平时使用很少的双重否定句“到中国不能不来杭州”，“来杭州不能不游西湖”等。会话教学中即时语境的利用要抓住“即时”二字。由于即时语境具体、形象，大多含有一定的情节性，因此对于正确、贴切地运用语句形式，牢固长久地记忆语义内容十分有效。会话教学中的语言环境的应用离不开语境的设计。这是因为各个学习阶段都有特定的新目标和学习内容，再加上学习个体差异，会话教学就必须设置有针对性的语言环境或者是特定的情景以完成教学任务。语境的设计要考虑提供有交际价值的学习者熟悉的场景和生活片段，减少随意性和盲目性。

（二）口语型课堂教学的方法

以下从单项训练方面探讨常用的口语教学方法。

1．语音训练方法

口语是发声的语言，无论是听和说，都以语音的准确为前提。语音训练的目的，是要促进学习者把握住汉语音素的发音部位和发音方法，以及音节的拼读和声调，较快而又较准确地适应汉语发音的特点。

（1）教音方法。

1）循环与反复。不仅课文的编排，声、韵、调要有循环与反复，就是教学和训练也应有意识地安排几个循环与反复,学习者的语音才能得以巩固。

2)示范与模仿。教师示范发音是学习者语音模仿的范本。教师的口形和态势能给予学习者发音的启示，便于学习者模仿，这是听录音所代替不了的。教师的多次示范与学习者的多次模仿是必要的，但可能比较沉闷、单调和乏味，可以穿插其他的形式来训练，如利用发音模具来比拟，录下同学的发音来审听、评议等。

3)图表演示。利用图表可使发音形象化并突出发音的特点，有助于学习者发准汉语的声、韵。例如画出口腔、鼻腔、舌头、声带的示意图，说明某个声母的发音部位和发音方法，可以帮助学习者发准这个音，把同一发音部位或同一发音方法的音素排列成一张表，也能帮助学习者对比或类推一组音素的读音。

4)音形结合。汉语拼音不是文字，只是发音的辅助。最终，口语中的音并不与拼音字母挂钩，而是与汉字挂钩。因而在语音教学中不仅要训练学习者听到音立即能写出拼音，或者看到拼音立即能读出正确音，同时也希望能适当地把语音与字形挂钩，例如，ba 爸，ma 妈等。有些教材在拼音学习阶段就安排出现一些汉字，目的就在于此。

5)双音节定调练读。声调训练，往往以一个音节为基准，循着一声、二声、三声、四声的次序发出四个声调。学习者循序读调一般都没问题，但汉语词语的声调不可能是如此整齐地排序的，所以应该打乱这个次序，重新排列练读。根据四个声调的不同组合，双音节词语共有 20 种搭配，能够熟练地读准这 20 种声调的搭配，就能读准汉语双音词语的声调。

(2)练音方法。

1)齐读和个别读结合。齐读是全班一起练读,个别读是学生单独练读。齐读能调动全班学习者一起活动，但无法了解每个同学的发音情况；一个挨一个地轮流个别读易于发现学习者练音中的问题，但比较花时间，练习的量太少。为了顾及大多数学习者以及营造课堂气氛，常常采取齐读和个别读结合的方法来练音。

2)见形读音。初始阶段主要训练见到拼音字母就能正确地读出音，见到字母拼成的音节，如 páng，bèn 就能读出。下一阶段，进一步训练见到汉字词形如“旁、奔”，不依赖拼音，就能直接读出 páng，bèn 的声韵调。

3)配对练音。有些音素发音部位相同，如 b，p，m；d，t，n 等；有些音素发音方法相同，如 b，d，g；p，t，k 等。归在一起进行配对练音，效果会好一些。有些鼻韵母如 in，ing；in，eng；an，en 等，进行配对练音，就容易辨析。

4）声韵调单项练习和语流结合。声韵调在初学时有必要分别进行单项练习，以掌握声、韵的音准和拼合，以及四种声调的调值。到一定阶段应把每个音节的声、韵、调放入语流（即成串的音节，表现为词组或句子）中练习。因为语流有速度的要求、变调的要求，以及语气语调的要求，能体现话语的真实性和实用性。

5）课上和课下结合。练音当以课上为主，可以及时得到教师的指导，但课上的时间毕竟有限，要达到语音的熟练，需要课下继续操练。可采取跟着磁带发音，利用录音审听自己的发音，同屋或同学间互相辨读等方法。

（3）纠音方法。

1）示范模仿法。学习者的错误发音，可能是受母语语音干扰，也可能是模仿有误，教师在纠音时有必要再次示范发音，让学习者跟读和模仿，增强其音感，加深其印象。

2）演示法。出示发音挂图，或在黑板上画发音示意图，让学习者体会发某个音的要领，从而纠正自己的错误读音。

3）夸张法。学习者的错误读音有时相当顽固，教师可运用夸张手段，如持续较长的时间张大、圆拢或压扁嘴巴形状来发 a，o，u 三个音；把舌头抬得很高、向后，来发翘舌音 zh、ch、sh，加深学生的印象。

4）对比法。汉语拼音字母中有些音很容易混淆，或不易发准，利用对比法来突出发音要领，可让学习者体会两个音的不同特点。如 r 和 l 两音对比，r 属舌音，舌头上翘，气流摩擦而出；l 属边音，舌头抵齿龈，气流从两边出。这样学习者就容易区别两者并发准其音。

5）过渡法。学习者在发某个音节时，能比较准确地把握韵母，如“看（kàn）”中的“àn”，在念“含（hàn）”时，常常错读成“很（hěn）”，纠正相当困难。这时可利用熟悉的音节过渡到新的音节这种方法。让学习者发熟悉的音节“看（kàn）”，保持好口腔的位置和状态，然后替换声母“k”为“h”，这样就能正确地过渡过来。

6）手势体态法。用手势和体态来提示学习者发音，也是常用的一种纠音办法。例如伸出舌头表示念舌尖鼻音，用手指咽喉表示发舌根鼻音，而用身体和手臂的摆动姿势来提示哪种声调，则是一种更为普遍和常用的教学方法。

2．词语训练方法

思想和意念必须凭借词和句子才能形成话语，因而词语的学习和训练在口语中占有重要地位。词语训练的目的就是要学习者通过种种训练方式，把积累起来的词语按一定的结构，如同义系统、反义系统、类义系统等编织为一张相互沟通的网络，并在说话时能根据交际和语境的需要，从网络中选取相关词语，自动地（不假思索）或半自动（略加思索）地组合成句子、话语。

（1）直接法。

1）指物说词。教师提一个简单的问题，一位学习者指着实物或图画作答，由另一位学习者说出词语。

2）做动作说词。教师或学习者做动作，由另一位学习者说出词语。

指物说词多用于名词的训练，做动作说词则可用于动词或词组的训练。

（2）认读法。

1）指序号念词语。把有关词语（课文生词或会话中需用的词语）编上序号，然后教师叫号，学习者按号找词念出词音。这是训练学习者见到词形熟练地发出语音的一种方法。有时候，可利用超市散发的商品广告单，把上列的商品编上序号，要求学习者按教师说的序号在广告单上找到商品，念出商品的名称和价格。

2）板书念词语。把有关词语有序地写在黑板上，教师用教棒随意地指词语，让学习者念出词音。这也是训练学习者把方块汉字的词形和词音挂起来的一种学词方法。

（3）语素法。

1）指定语素组词。教师指定一个语素，如“学”，让学习者用“学”来组词：“学校、学习、学习者、教学、科学”等。

2）指定词语，说出含 10 个相同语素的别的词语。如教师指定一个词语“保护”，让学习者说出含语素“保”的词：“保持、保证、担保”等；再说出含语素“护”的词：“护理、护士、拥护”等。

这两种扩展词语的方法都可把词语串联进网络。

（4）词组法。

1）用指定词扩展成词组。教师指定一个词语，如“修理”，让学习者扩展成词组：“修理鞋子”“修理钟表”“修理家具”“重新修理”“专门修理”“修理一番”等。

2）利用生词表组词。生词表上的词，有的可以相互组合和搭配，教师在教学习者词时，可有意识地把这些词组合在一起。

（5）类聚法。

1）同义词类聚。教学到一定阶段，教师可有意识地指导学习者按意义的近似，把有关的同义词整理在一起。例如把有“荣誉”义的词语“光荣、光彩、体面、荣幸、荣耀、荣誉”等汇拢起来，进行辨别和记忆。

2）反义词类聚。教学到一定阶段，教师可有意识地指导学习者按意义的正反，把有关的反义词整理在一起，例如“关心、关切、关注”和“冷漠、漠视、淡漠”等汇拢起来，进行辨别和记忆。

3）类义词类聚。教学到一定阶段，教师可有意识地指导学习者按意义的范畴，把有关的类义词整理在一起。例如，表示颜色，有“红、黄、蓝、白、黑、绿、棕、灰”等；表示气象有“阴、晴、云、雨、风、雪、雾、霜”等；表示动作，有“举、拍、打、提、抬、搬、敲、开、关”等。分类汇拢，有助于记忆和选用。

一般而言，群集记忆比分散记忆不易遗忘，而类聚法是进行群集记忆的主要方法。

（6）释义法。这是把词语的形和音与词义挂钩、联系的一种训练方法，有助于说话表达时提取有关的词语。

1）指定词语释义。教师出示卡片上的词语（词形和读音），让学习者说词语的意义。例如，出示词语“酣睡（hān shuì）”，学习者说出意义：睡得很熟。

2）根据释义猜词语。将词语列在左边，释义列在右边，打乱次序后让学习者把释义与相应的词语用线条连起来。

（7）联想法。这种训练方法有意识地把学习者所积累的词语从意义上串联起来。方便他们说话时能较快地检索和选取头脑中的词语。

1）轮流说出有关系的词语。教师先说一个词，如“光明”，然后让学习者按座位依次轮流说出与之有关系的词语：光亮—光辉—光耀—明亮—明朗—亮晶晶—明晃晃—照耀—照亮—灿烂—辉煌—白昼等。

2）一个人主说，他人补充。方法略同于上，但改由一个同学根据指定词语联想有关的词语，其他同学补充。

（8）问答法。这种训练方法主要是让学习者熟练词语的组织和应用。

1）用指定词语提出问题。教师指定一两个词语，要求学习者组成问句。例如，教师指定“停留”“行进”两个词语，让学习者组织成问题：“你们为什么停留在这儿不继续行进呢？”

2）用规定的词语回答问题。教师提出一个问题，要求学习者用规定的词语回答。例如，教师问：“你们这次是怎么旅游的？”规定用“停留”“观赏”作答。学习者回答说：“我们先到南京停留两天，然后到洛阳，在那里我们观赏了龙门石窟的雕塑。”

（9）替换法。这种训练方法目的是要使学习者能够熟练地从同义词和类义词中选词成句，较快地组织话语。

1）用有关词语替换句中的词语。教师说一个句子，要求学习者用有关词语替换句中的某个词语。例如，教师说“再过两个星期就要考试了，大家要抓紧时间努力学习。”要求学习者替换“努力”这个词语。学习者可说“认真学习”“用功学习”“专心学习”等。

2）用指定词语替换句子成分。教师说一个句子，并指定一两个词语，要求学习者替换句子中的有关成分。例如教师说“他今天忽然来到这儿，大家都感到很突然。”指定的词语是“竟然”和“意外”。学习者用“竟然”替换状语“忽然”，用“意外”替换偏正词组中的谓词“突然”。

（10）自学法。

1)分段记忆词语。一篇课文一般有三四十个生词，不可能一下子记住，可以根据课文段落，联系上下文意，分几批来学习和记忆。

2）想、说、写记忆词语。单纯用一种方法如读、念来记忆词语效果不见得好，如果通过多种手段如想、说、写结合来记忆词语，印象较深，经久不忘。

3）造句记忆词语。一个词语通过造句，不仅熟悉了词形，而且也掌握意义和用法，是记忆词语的好方法。

（11）翻译法。

1）汉语词语翻译成母语词语。教师说一个汉语词语，学习者说出相应的母语词语。这对外国学习者来说比较容易，因为教科书所出现的生词一般都附有英译和日译。

2）母语词语翻译成汉语词语。这对外国学习者来说有一定难度。因为母语词语跟汉语词语不一定完全对应，或者有好几个同义词与之相应，需从中挑选。从实用角度来说，学习者说汉语都免不了要过这道翻译关。所以这种训练对培养学习者用汉语说话，非常重要。

3．句子训练方法

语言表达是把头脑中的意念转换为语言结构形式的过程。语言结构形式包含着词语和句子。词语固然是口语形式的重要因素，但零散的、孤立的词语只能表示一些简单的概念，必须把离散的词语按一定的语法规则加以整合，生成句子，形成连续的语流，才能充分地、有效地表达出头脑中的意念。因而句子训练较之于词语训练来说，就显得更为重要。

（1）句型展示。

1）利用实物。口语教学利用实物来展示和训练句型，主要是给学习者以一定的说话内容，让学习者按某种句型的要求说出句子。例如，出示一大一小两个苹果，要求说“比”字句，学习者就可以说：“这个苹果比那个大”或者“那个苹果比这个小”。出示一轻一重两个颜色不同的书包，学习者就可以说：“红色书包比蓝色的重一些”或者“蓝色书包比红色的轻一些”。

2）利用图片。口语教学利用图片来展示和训练句型，也是给学习者以一定的说话内容，让学习者按规定句型说出句子。例如，出示一张人和动物在不同方位的图片，要求说带趋向补语的句子，学习者就可以说：“一只花狗从屋里出来”“这个孩子从外面回来”“一只小猫爬上树去”。

3）利用动作。口语教学利用动作来展示和训练句型，是让学习者按规定句型说出所看到的动作。例如，教师从书包里拿出书本和粉笔，翻开书本，在桌子上放好粉笔，要求学习者用“把”字句说出这些动作。学习者就可以说：“教师把书本和粉笔从书包里拿出来，把书翻开，并把粉笔放在桌子上。”

4）设置情景。口语教学设置情景，是要求学习者按规定的句型来描述情景。例如，设想看精彩的电视，要求用带程度补语的句子说出。学习者就可以说：“今天的电视片精彩极了。演员表演得也很自然。大家看了电视都高兴得拍起手来。”

（2）机械练习。

1）一般模仿。根据教科书中的对话材料进行对白训练。可以让学习者听录音，模仿说话人的语音、语气、语调；也可以教师范读，学习者一句一句模仿跟读。

2）专项模仿。根据教科书的对话材料，分别进行重音、语调、语速、停顿等专项模仿。

3）单项或多项替换。根据教科书的替换练习，进行单个词语或几个词语的替换训练，让学习者熟悉一些词语和句型。

4）句式变换。一个意思可以根据需要用几种句式表达，因而句式变换也是口语的基础。常见的句式变换有肯定句（如“杯子是这个小孩打破的”）和否定句（如“杯子不是这个小孩打破的”）的变换，主动句（如“这个小孩打破了杯子”）和被动句（如“杯子被这个小孩打破了”）的变换，“把”字句（如“这个小孩把杯子打破了”）和“被”字句（如“杯子被这个小孩打破了”）的变换等。

5）句子扩展。在句子的主要成分“主－动－宾”上添加修饰和补充成分，把简单的句子扩展为复杂的句子，这也是口语教学中常用的训练方法。

（3）造句法。

1）功能造句。一种功能，常有多种表达方式。表达方式不同，其表述的功能也会略有差异。说话要贴切，熟悉功能造句是少不了的。例如，请求功能就有建议性请求（如“你看着办吧！”）、催促性请求（如“你就快点儿走吧！”）、重复性请求（如“再商量商量吧！”）、暗示性请求（如“五一节能去杭州旅游就好了！”）、礼貌性请求（如“我可以到你这儿来吗？”）等。这种训练方法能提高学习者说话的准确性。

2）词语联想造句。这种训练方法是提供一些词语，让学习者将这些词语通过联想串连成句，表达一个完整的意思，或者描述一种情景。例如，教师提供：严肃、严格、畏惧、尊敬等几个词语，让学习者联想造句。学习者可以说：“他是一位相当严肃的教师，对我们的要求十分严格，虽然我们都有点儿畏惧他，心底里却是很尊敬他的。”

3）语法难点造句。外国学习者学习汉语口语，在相当长的一段时间里说的大多是简单句，有意回避语法规则较难的句子，因而口语课特别要重视语法难点的造句训练。例如宾语前置对外国学习者来说是个难点，教师可有意识地让学习者练习：宾语前置在主语后谓语前（如“他汉语说得很好。”），宾语前置在主语之前（如“你的事我知道了。”），宾语用“把”字前置（如“他把这个本书念完了。”），宾语在“连……也……”式中前置（如“你连这样简单的问题都回答不了吗？”）等。

（4）交际练习。

1）情景问答，这种训练方法是教师规定一种情景和场合，让学习者两两结对编造对话。

2）自由问答，这种训练方法是教师不规定情景和场合，由学习者自由发挥编写问答对话。例如，有的学习者评论电影，有的学习者说戒烟，有的学习者谈修理自行车等。

3）真实环境问答，这种训练方法是让学习者走出教室，到真实的环境中去进行交际或交谈，从而掌握语言的使用技巧。例如，到邮局寄信，与邮局工作人员问答；到商店购物，跟营业员交谈；到饭店吃饭，跟服务员聊菜肴特色等。

4．成段表达方法

问答式的口语大多是单句，比较简单，而实际生活中的口语没有那么单一，常常需要进行成段的表达，才能把事情说清楚。这就涉及复句以及复句之间的关联，句群以及句群之间的衔接。这方面的训练，有助于提高汉语口语的水平和质量。

（1）个人讲说式。

1）自选话题发言。教师不规定具体内容，或者只框定一个大致范围，由学习者自选话题讲述情节，叙谈体会和感想，在班上发言。为使教学活动顺利开展，可先让学习者写发言提纲，理清发言的内容、条理和层次，教师适当加以指导。

2）热门话题讨论。由教师确定一个比较热门的话题，整理一些相关资料，让学习者在课外做好充分准备，拟写发言提纲或发言稿，然后在班上就该话题发表自己的看法，提出自己的问题，展开讨论和争辩。例如教师布置一个话题：妇女在家好还是工作好。并整理了有关中国职业妇女的工作和生活的资料。学习者经过阅读和准备以后，开展了讨论。这种个人讲说的方式，可以训练学习者的思维和成段表达能力，不仅能提高口语能力，而且能锻炼口才。

（2）即兴联想式。即兴联想式的训练，由于把头脑中的意念和想法，迅速通过话语构建，从而形成声音语流而传达出来，是培养学习者成段表达的较好方式。

1）自由交谈，这类训练方式有两种：一种为有意学习，由教师组织一些教学活动，如参观、访问、看京剧、听音乐、观赏舞蹈等，让学习者相互之间就所见所闻进行即兴式的交谈；另一种为无意学习，是学习者自己在课余活动中，如喝咖啡、打球、游泳、旅行等，跟同学或中国人，凭着自己的感触和联想进行自由交谈。

2）交流心得体会，这种训练方式一般是由教师布置学习者读某篇小说，看某部电影，听某则广播，然后让学习者凭自己的感触和联想即兴式地谈自己的心得和体会。例如，教师布置学习者读鲁迅先生的散文《从百草园到三味书屋》，在课堂上交流读后感。有的学习者谈鲁迅在桌上刻一个“早”字的学习毅力；有的学习者谈三味书屋中教师的和蔼、慈祥；有的学习者谈少年时期读书和嬉戏给人的印象最为深刻等，气氛生动、活泼。

（3）假设幻想式。

1）谈意愿和理想，这种训练也是发挥学习者的联想而进行成段表达的方式之一。只不过谈的内容多数是未来的事情，带有假设和幻想的成分。训练方法可以让学习者在班上交流，可以是师生问答，也可以是学习者相互畅谈。例如年纪轻的大、中学习者可谈自己学成之后的计划和打算；年龄大的商务人员可谈自己的工作意愿和今后的发展，有时也可谈他人艰苦奋斗、实现理想的事迹。

2）谈将来，这种训练也是发挥学习者想象力、畅谈未来的方式之一。跟上述方式不同的是谈的范围比较广泛。诸如城市的建设和变化、交通改善的蓝图和畅想、科技发展的规划和远景、成家立业的计划和希望、孩子的培养和造就等。这些内容的讲述绝不是说一二句话就可以了事的，必然要进行成段的表达。

（4）情节猜测式。猜情节、续结尾的训练，生动有趣，寓成段表达于联想、嬉戏之中，能有效地提高口语水平。

1）根据故事首尾猜测中间情节。这种训练是充分发挥学习者的联想能力，运用形象思维与逻辑思维来猜测和补充情节的一种方式。教师可讲述故事的开头和结尾，空出中间部分让学习者遐想和填充。

2）续故事结尾。这种训练也是充分发挥学习者的想象力，根据故事本身的逻辑去设想和猜测故事结尾的一种方式。教师可以讲述一个故事，或念读一篇课文的情节，但留下结尾，让学习者去假想和猜测几种不同的结局。

（5）看图说话式。

1）看单幅图画说话，这是从视觉的图画形象转变为话语表述的一种训练方式。所谓单幅图画一般是将人物和动植物浓缩在一幅图画之中，让学习者仔细观察，说出方位和状态。

2）看连环画说话，这也是把视觉的图画形象转变为话语表达的一种训练方式。与上述方式不同的是，连环画的每幅画之间有情节的连续性。学习者必须运用想象和联想，串连成一段有情节的叙述性话语。

3）看地图讨论旅游计划，这是根据地图的空间比例和交通路线拟定并说出旅游的路线与计划的一种训练方式。一般用全国地图讨论并制定大的旅行计划；用省、市地图讨论并制定短距离旅行计划；用地区地图讨论并制定具体的旅行计划。旅行计划包括旅行日程（时间和游览的景点）、路线、交通、住宿等项目。将这些项目串联起来，就是一份完整的旅游计划，而向大家说明旅行计划的本身就是一种成段的表达。

（6）连句成段式。

1）给出句子组成语段。这是要求学习者把句子缀连成句群和语段的训练方法。句子都由教师提供，学习者依据内容把所给的句子进行整合并加上关联词或衔接词串联起来。

2）按时间、空间顺序连句成段。这是要求学习者把教师所提供的无序的句子按时间或空间顺序连缀成句群或语段的训练方法。成段的口语或者是述说一件事情，或者介绍一个景点，都必须按照时间线索或空间线索来组织句子，才能有条不紊地说清楚。

（7）转告转述式。

1）电话转告。这是要求学习者把电话中听到的对方的意思转告他人的一种训练方式。一般而言，人们听到话语所传达的“意思”，头脑中记得的只是这个“意思”，原句原话大多已忘却。因而在转告他人的过程中，要把记忆的“意思”重新组织成话语来表述。长一点的“意思”，就得组织句群成段地表达。

2）意向或重要事情转述。这是要求学习者在听了报告或阅读了文件资料后，把其中的精神、意向和重点向他人转述的一种训练方法。报告或文件资料一般都比较长，内容多，转述时必须自行归纳，撷取其中的主要精神和重要事情，用自己的话语进行表述。这是比较高级的成段表达，一般宜在高级阶段训练。

5. 独白式口语训练方法

独白以一个人单独讲述为主，有交流作用而无交际性质。独白要求说话内容有一定的层次和条理，说话的语调跌宕起伏而富有感情。因此，独白不仅要进行思维和话语计划的训练，同时也要进行说话技巧的训练。

（1）复述。

1）模仿和背诵式的机械性复述。在口语教学中，复述是使学习者从感知文本（包括有声材料和书面材料）到形成语言技能过程中的中间环节。复述有简单的机械性复述，也有较为复杂的创造性复述。模仿和背诵式复述是最初级的训练方式。在熟读文本的基础上，模仿或背诵文本的话语来复述事件和情节。虽然比较机械，但能起到熟练运用词语和句式的作用。

2）增加成分或扩充内容式的扩展性复述。这是要求学习者在感知文本的基础上，扩充话语的内容和形式而进行复述的一种训练方式。这种复述已不完全是原句原话，而是有所增饰；内容也不完全是依照文本而有所扩展。例如，复述《杭州西湖》，在叙述中可添加自己去杭州的见闻，语句也可有些变化。这样的复述已经向独白式话语迈进了一大步。

3）作同义不同形替换或变顺序为逆序式的变换性复述。这可以说是改编文本的创造性复述，有两种方法：一是把课文作同义不同形的处理，可以更换词或词组，也可以把带有书面色彩的长句变成口语化的短句来进行复述；二是把课文内容的顺序逆向处理，即倒叙式复述。

4）看图说话或电影故事概述式的运用性复述。这是没有文本而把视觉所感知的形象的东西化为话语的一种运用性的复述方式。其中，看图说话是把浓缩于画幅的形象运用想象加以扩展和铺叙；相反，电影故事概述，是把冗长复杂的情节抽译、压缩为梗概式的复述。

（2）新闻报告。

1）模拟新闻发布会、记者招待会。这是用模拟形式就某个话题发布消息或回答众人提问的独白式训练方式。材料内容可由教师提供或规定，也可由学习者自行选定。“新闻发布会”完全是个人独白，事先拟好发言稿；“记者招待会”采用问答方式，要求“发言人”临时构思话语计划，建构句子、话语，进行成段表达。

2）视不同对象作详略变动或语体转换。这是把书面的文本材料重新加以改编的口语训练方式。教师指定文本和资料，并设定听话人的年龄层次和知识水平，如小龄学习者、大中龄学习者或老年学习者等，让学习者针对不同对象的特点，将书面材料转换成口语形式，或详细，或简略，或概括地述说。

（3）演讲。

1）主题演讲会。这是围绕一个主题进行演讲的口语训练方式。教师课前布置一个主题，并适当作些内容和观点上的提示，让学习者拟写发言提纲或发言稿，在课堂上进行演讲。一般而言，演讲的内容比较充实，讲述的时间也略长，是较为理想的独白训练。

2）为某种活动做宣传。这是为举办一种活动做宣传的口语训练方式。举办活动，无论是教师布置的，还是学习者自发组织的，都可利用这个机会作些口头宣传。例如，发动同学参加冬季长跑运动，就可指定学习者就这项锻炼活动的意义、要求、措施和效果向他人宣传。这也是一种比较实用的独白训练。

（4）评述。评述是就某种对象或事物进行分析评述的独白训练。评述包含电影评述、课文评述、人物评述、工作评述等。电影评述，即就某部电影的故事情节、人物形象等进行口头讲评；课文评述即就课文的内容、主题和语言特色等进行口头分析；人物评述，即就人物的学习和工作的成绩、效果和优缺点等进行口头评比；工作评述，即就自己或他人的工作业绩、进展、经验和教训等进行口头小结。

6. 会话式口语训练方法

会话以两人或数人互问互答，互相唱和为主，既有交流作用，又有交际性质。会话式口语，有说话双方的协调问题，必须遵循合作原则。

（1）对话。课堂上注重的是一般对话规律，具体如下：

1）如何开始说话。练习用称呼式（用一个称呼，以引起对方对话题的注意）、提问式（如“为什么有三八妇女节而没有男士节？”）、介绍式（如“这是我们厂的新产品”）、启发式（如“大家都有在热渴情况下一杯凉水下肚的体验吧！”）等方式提出话题。

2）如何轮流说话。练习用毗邻应对（如“真要好好谢你！”“不敢当，我还做得不够，请多提意见。”）、轮流问答（如“你觉得最近交通有没有改善？”“整治得比以前好得多，堵车情况也少了。”）等方式控制和展示话题。

3）如何结束会话。练习用建议（如“另外，还有一些规章制度也要赶快制定。”）、提醒（如“明天八点准时开车，别迟到。”）、道谢（如“凡对我们有过帮助的单位和个人，都请代致谢意。”）、告别（如“下次节目再见。”）等方式来转换或结束话题。

（2）语言实践。到真实的语言环境中进行语言实践，既能提高口语会话水平，又能提高交际能力。经常开展的语言实践活动如下：

1）旅游。与旅游人群、导游或当地人交谈。

2）去自由市场购物。跟营业员或农民交谈，并讨价还价。

3）住房租借或买卖。尝试与物业管理部门的工作人员谈论房屋的设施和房价。

4）电话约会。在电话中跟对方约定时间、地点和活动内容。

5）调查访问。在公共场合做社会调查（如调查人们对足球世界杯赛的观感）、课外专题访问（如就城市建设问题访问规划单位）、向同学采访（如就“留学生活”问题采访同校或不同校的留学生）等。

（3）游戏。游戏是用游戏的形式来进行会话训练。寓教于乐，是放松学习者紧张心情、提高他们说话兴趣的良好途径。常见的游戏如下：

1）猜谜语。教师（也可是学习者）出谜面，另一学习者猜谜底。在猜谜过程中，猜谜者可以问出谜者一些问题，如是吃的还是用的，是天上的还是地下的等，从中得到一些提示和启发，这实际就是一种口语问答。

2）看动作说话。一位同学表演动作，另一位同学看着动作说明意义。例如，一位同学表演和面包饺子，另一位同学解释说：现在从面袋里面拿几碗面粉倒在盆里—舀上两瓢水—用两手和面—用木棍擀皮子—把皮子平摊在掌中—往皮子里放馅儿—用手捏成饺子……这是把视觉形象转换成话语的一种即兴式说话。

3）图画猜成语。把成语故事压缩在一幅画中，让学习者猜出是什么成语，然后用这个成语口头造句。这是用形象线索唤醒语言记忆并加以应用的一种口语训练。

4）图画组合为故事。把几幅有关联的图画，让学习者观看后用问答对话形式串联组合为故事。这是发挥联想用话语传达作者作画意念的一种口语训练。

5）描述两幅图画的异同。让学习者审察两幅同中有异的图画，用问答对话形式说出相同之处。这是运用对比法训练的一种方法。

6）按说话做动作。一位同学说话，另一位同学按话语意思做动作。例如一位同学这样说：星期五下午我们班进行卫生大扫除，女同学抹桌子、擦窗子，男同学清理垃圾、拖地板……另一同学照着说话的提示模拟动作。这是加强词语（或话语）跟意义联系的一种口语训练。

7）送生日礼物。假设某同学过生日，大家送上一份礼品（写在纸条上），并说出礼物的性质和意义。例如，有同学说：我送他一支钢笔，祝他学习天天进步。有同学说：我送他一本照相册，盼望他留下美好的回忆。有同学说：我送他一个网球拍，希望他体魄更强健……这是把意念变成话语的一种口头训练。

（4）表演。表演虽然带有模拟说话的色彩，但能提高对外汉语说话的技巧。常用的表演方式如下：

1）分角色饰演。根据会话课文的对话或学习者自己编写的对话进行分角色饰演，要求口气和语调符合自己角色的要求。这是掌握表达功能、提高口语水平的好方法。

2）做节目主持人。节目主持人不仅要组织和发动参与节目的人群进行问答，而且要不时地对人们的发言做出评价，并进行串联。这是训练思维的敏捷和应答的熟练的良好办法。

3）为影片配音。播放影片中的一段，让学习者熟悉影片的人物和情节，然后请几位同学扮演不同角色，为人物配音。这种方式主要训练说话的语气和情感。

4）即兴小品表演。教师布置一个主题，如男女青年初次约会，交通警察与违章驾驶员谈话等，让学习者扮演其中的角色进行小品表演。故事情节与人物话语都由学习者讨论、编写。这是比较贴近生活的一种口语训练。

（5）讨论。讨论是一种更高级的口头练习。常见的方法是：以文字、图片、地图、图表、漫画为主题进行讨论；讨论有关家庭和社会热点的问题；等等。在讨论开始时，老师会向学生展示教学工具或指定的主题，并为学生提供相关的内容（例如，与当地的环境相比较），以及使用特定的词汇和句型；在讨论阶段，教师要掌握好课时，适时总结学生的发言，把握好课程重点，并做好笔记（例如：论证、妙语等）；在讨论的最后，教师可以作为参加者发表自己的意见，对所讨论的不同观点和使用语言的情形进行归纳，并提出需要思考的问题，纠正学生严重的语法错误。

口语是话语的输出，从大脑的思考到嘴巴的表达，需要经过话语规划、话语构建、话语执行三个过程。

口语课的内容与重点应该是语言的搭配与使用。叙事性的论述是谈话的中心话题，它的提出、扩展、转换、结尾都要注意。

在语言教学中，尤其是在对话教学中，应充分考虑语境的影响，并应充分考虑不同情境的设计和应用。话语教学的各个阶段都应该有相应的教学重点。初学者注重个别的练习，从发音、词汇、句子到段落逐步进行。中等阶段，则是全面的训练，提高语篇的表达能力和交流能力。高级阶段，侧重于综合练习，强化话题提出、扩展、转换和结束的练习。

三、现代对外汉语写作型课堂教学的实施

“汉语写作是对外汉语教学体系中的重要组成部分，它在学生的汉语学习中起到非常大的巩固与促进作用”。[①]写作是一种综合性的语言表现形式。学生从不同的途径所吸取的知识和语言经验，都会汇入到写作中。语言的知识在这里发挥着重要的作用，文字的积累、词语的积累、句子的积累、段落的积累，都是用文字的形式堆砌起来的。然而，写作要表现具体的东西，要记录人们的活动、事件，说明事情的本质和特征，要把事情和事情的道理都讲出来。这就要求社会知识、历史知识、经济知识、政治知

① 高弼兰．浅谈对外汉语写作教学[J]．才智，2019（20）：110．

识、科技知识、文化知识等各方面的知识来充实知识储备。文风知识与范文则是其创作的基础。人之所以能写出各种各样的作品，是因为受到了很大的启发，从模仿到创造，在这段时间里，通过不断地练习，最终学会了写作。

在母语的积极迁移影响下，留学生在学习汉语写作时，能够迅速地从母语中汲取到自己的写作知识和经验，从而走上汉语习作之路；但是，由于过于依赖汉语进行思考和表达，常常要经历一段"翻译""转译"的过程，不但进度缓慢，还会导致中间语的产生。因此，在汉语写作教学中，各种模仿和练习是一种很好的方法，可以帮助学生更好地运用汉语进行思考和表达，同时也是促使外语学习者降低中间语向目的语靠拢的一种有效手段。

作为对外汉语的一门重要课程，写作课承担着"听说读写"四项能力中的"写"的重任。汉语写作教学要想使学生顺利地完成汉语作文的各项要求与任务，就必须严格按照写作的规律和教学规律，寻找一条快速高效的、能使学生更快地掌握"写"的关键，从而打开汉语写作之门。

（一）写作型课堂教学的理论支持

写作是一种综合性的训练，与思维、翻译、谋篇、阅读等都有密切关系。

1. 写作与口语

书面表达与口头表达都是言语的表现形式，是一种语言知识的输出。作为一种内隐的刺激"话语规划"，它通过传递、扩散，形成长时间记忆的语义网络，在表达的过程中将相关的词汇抽取出来，进行组合，也就是"话语生成"，然后进行语言表达，也就是"话语执行"。这个过程，无论是写作表达还是口语表达，基本上是相同的：一是要求手的肌肉进行动作，发而为字形；二是要求口腔肌肉的运动，发而为语音。写作与口语所不同的是：

（1）口语有直接的听话对象，有相互交际的环境，其会话的速度要求较高，组织语句的反应要快，不可能字斟句酌，也不可能长时间的思索和停顿；书面写作只有假想的读者，是一种间接的交流，允许有较多的时间对表达的内容和词句进行斟酌和推敲。

（2）口语会话一般来说比较粗糙，不计较重复、语句残缺，只要求达意而已；书面写作则比较精致，讲求信（材料充实）、雅（文字漂亮）、达（行文通畅）。

（3）口语会话的构思比较简单，不必追求语句的起承转合，即使关联失当，前后颠倒，也无伤大雅；书面写作则要有一定的构思和布局，讲究承上启下、过渡呼应。

当然，对于一个思路清晰、语言运用熟练者来说，口语表达也会很生动、精彩，富有感染力。如果把他的话记录下来，稍加修饰，就是很完整的一段话或结构严谨的一篇文章，这可以说是一种口头作文。对于第二语言的学习者来说，达到这种口头作文的水平尚需有一个训练和熟练的过程。在对外汉语教学中，一般不对学习者作如此要求。

2．写作与思维

写作是把头脑中的思想、意念通过语言文字形之于书面的心理活动和语言行为，其核心是思维，决定着写作的内容、条理和层次。思维有形象思维和逻辑思维，写作小说、报告文学、散文、诗歌等文体偏重于形象思维；写作议论文、说明文、应用文等文体则偏重于逻辑思维。写作过程中无论哪种思维都要对客观世界进行观察、分析、比较、综合，最后形成一定的思想或情节，并倾注于语言文字来表述。人类的思维有别于其他动物，就因为除了共有的、与实物直接挂钩的第一信号系统外，还形成、建立了第二信号系统——语词，可以脱离实物而进行抽象思维，并在广度和速度上增强思维的能力。如果说人类感知运动的适应局限于直接的空间和时间，那么语言则能超越这个有限的范围。因而语言文字的运用是否熟练，会直接影响个人思维的广度、深度、速度和严密度。外国学习者对自己的母语当然非常熟悉，他们运用母语进行思维，自然是驾轻就熟，收放自如；但对于正在学习的目的语，限于语言知识积累的不足，实际运用目的语的语言经验不够丰富，应用目的语的能力比较低下，对目的语所蕴含的文化因素不太熟悉，因而使用目的语思维远逊于使用母语的思维。表现在外国学习者的写作上常常是内容干瘪，难以展开，或者内容芜杂，语无伦次，甚至错句连篇。这都反映了外国学习者运用目的语思维比较生疏或生硬所带来的种种问题。假如他们用母语思维，用母语写作，就不会或很少会有这样的情况发生。

3．写作与翻译

第二语言的学习者在酝酿或形成某个思想或意念时，习惯上都是依赖母语来运作的。也就是说，一个思想或意念在学习者的头脑中从朦胧到清晰，必须借助于语词和句子形成一个个命题，这在心理学上称为内隐的语言刺激。内隐刺激在头脑内部激活储存在头脑记忆库中的有关的母语词语和母语句式，构建成能够表达思想或意念（即命题）的母语句子。如果该学习者要用目的语来表达和写作，那么他必须有一个转换过程，即由母语语句进一步激发储存于学习者头脑中的目的语结构网络，从目的语结构网络中匹配和提取相应的词语，依照目的语语法规则，重新组合、装配、翻译成目的语语句。从这个意义上说，外国学习者的写作，实际上是不断地把蕴涵思想或意念的母语语句翻译成为目的语语句的过程。只有学习目的语到了相当的熟练程度，才能够直接或半直接地用目的语来思维和写作。

概念是人类思维的重要形式，是抽象逻辑思维的细胞，是人们认识活动的基础。不同语种的人们认识客观世界虽然有许多共同之处，但在形成概念时由于观察世界和事物的标准和角度不完全一样，其反映客观世界的词语概念的内涵和外延自然也会有差异。因此，学习者的母语词语不一定完全跟目的语词语一一对应，或者是一个词语的多个义项中的某一义项上母语和目的语可能相对应，或者从母语中根本找不到相应的目的语语词，常常需用一个词组来勉强达意。即使是对应词语，也不是一对一的绝对关系，一个母语的词语，很可能有多个目的语同义词与之相应；反之，一个目的语词语，也可能有多个母语同义词与之相应。这些语言上的客观因素，给写作和翻译带来了一定的麻烦。加之，学习者所积累和建立的两套心理词汇之间能否熟练地激活扩散和选取、替换，母语语法规则与目的语语法规则之间能否正确无误地转换等主观因素，又影响着写作和翻译的速度和精确度。为此，对外汉语写作教学就要注意词语的对译训练和句子的翻译训练。

4．写作与谋篇

写作由词成句，由句成段，由段成章，绝不是任意地叠加和堆砌，而是必须根据表述的内容有层次、有条理地铺排叙述，其间要考虑语句之间的因果、假设等逻辑关系，要讲究起承转合的文理章法。这里的先决条件是学习者在落笔之前，对文章要有个整体的设想和计划，这在写作学里称为谋篇布局。

不同的文体在谋篇布局上有不同的特点。小说、散文，重在形象和环境的描述，谋篇主要反映在情节线索和情感线索上。情节线索是人物的矛盾和冲突的轨迹，其间有起始、发展、高潮、结尾等要素，这需要习作者加以合情合理地安排和组织。情感线索是习作者把一个事件或数个事件围绕着自己的情绪基调而展开的一条主线。其间有情绪的变化和发展，以及情绪的落点等因素，也需要习作者缜密地连缀和贯通。论说文和说明文，重在说理和介绍，谋篇主要体现在内在的逻辑性和科学划分上。内在的逻辑性是由论点、论据、论证组成的，需要习作者去提炼观点、搜罗和组织说明论点的材料，然后进行充分的摆事实和讲道理；科学的划分，是按某个标准比如构成成分、性质、特点、成因、效果等去进行罗列性的介绍和说明。应用文重在实际应用，由叙述和说明两种因素结合而成的。除了调查报告、总结等内容和篇幅比较长的复杂应用文体外，一般都比较短小，且有一定的格式可以模仿。对外汉语写作教学就要抓住不同文体的特点，对学习者进行各种文体的谋篇布局的训练。

谋篇布局是写作训练的核心。对外汉语写作教学除了讲述一些写作知识和谋篇的技巧，并提供一些范文范例以外，还应充分调动学习者利用母语写作的经验和技巧。在母语和目的语的写作经验和写作技能的交互作用下进行谋篇布局的训练。具体说来，即对所要表达的人物、事件、段落、中心进行一番裁剪：或详或略，或叙或议，或抒或说，或顺或倒，并通过由词成句、由句成段、由段成章，以及不断地把母语的语句翻译成目的语的途径，采取谋篇布局和构建语句双管齐下的方式，最后连缀成文。

（二）写作型课堂教学的要点

写作教学要取得良好的效果，需把握以下要点：

1. 明确写作教学的目的任务

通常说学习和掌握一门外语，主要指“四会”，即全面掌握“听、说、读、写”四项基本技能。其中“写”的技能的培养主要由写作课程来承担。写作是一种语言的综合表达，跟听、说、读的关系都很密切。听是通过听觉感受而进行的一种语言输入；读是通过视觉感受而进行的一种语言输入；说是通过口腔肌体运作而进行的一种口头语言输出；写是通过手指肌肉运动而进行的一种文字语言的输出。听、说、读、写各有其不同的通道和机制，但都在大脑语言神经中枢的支配和统辖下工作。听、读的输入汇集到语言神经中枢，在那里的加工器里得到理解和贮存；说、写的输出也由语言神经中枢指令和提取有关词语和句式，在加工器里得到装配和组合。由此可见，语言输出是以语言输入为前提的，头脑中如果某种语言是一片空白，那就谈不上什么输出了。从这个意义上说，听读是说写的基础和源泉，说写是听读的外显反应。

对外汉语教学早先设置综合课程，就是出于这种考虑。以后依据听、说、读、写分类设课，目的是在有关的单项课程中相对集中和强化某种训练，提高训练的效果，并非将各类截然分家。因而，像写作课程，有的院校到高年级才单独设课，有的院校干脆就附在阅读课程之中。这说明读与写的关系相当密切。然而，不管是附属于其他课程还是单独设课，写作教学终究有其自身的目的任务。

（1）提高语篇的写作能力。所谓语篇是由词而句、由句而段、由段而篇构成的：写作教学应循序渐进，注重遣词造句和积句成段的训练。如果说阅读课的词语练习，都是为了消化、巩固新学的词语和句式的话，那么作文教学的词、句训练，都应围绕篇段进行。即使是在初学和低年级时期，也要求把一个意思说完整、说清楚，重心放在句子之间的关联和衔接上，为过渡到写作句群和语段打下扎实的基础。

不同的文体，其语篇构成，也有不同的特点。记叙文讲究事件的时空顺序的安排，语句多陈述和描写；论说文讲究说理的层次和逻辑，语句多设问和判断；说明文讲究划分和排列，语句多比较和铺排；应用文介乎记叙和说明之间，除陈述和排列外，尚需遵循一套特定的应用格式。写作教学必须根据不同文体的语篇特点，由浅到深、由短到长、由简单到复杂地进行写作训练，将文体知识转化为学习者的写作技巧，熟练地掌握和驾驭各种文体，提高他们的书面表达能力，以适应生活和工作的需要。

（2）提高翻译和使用目的语思维的能力。学习者在学习第二语言的过程中，尤其是低年级，不管是听力、阅读、口语，很大程度上都依赖于母语的翻译和转译。在写作方面也同样要把母语思维的意思转译成目的语文字才能进行书面表达。这说明一般的学习者用母语来思维和表达可以同步完成；而用目的语思维和表达，很难同步完成，即使学习者能部分地运用目的语来思维，也不一定能用目的语顺利地进行表达；也有的学习者词语和句式虽然已经积累到一定的量，但因为不习惯用目的语思维或只能极小部分地运用目的语思维，也无法顺畅地进行表达。在这方面，写作教学，比之听力和口语教学，更能提高学习者的翻译和使用目的语思维的能力。因为，首先写作给予学习者的时间比较充分，他们有较多的或足够的时间来思索或进行两种语言的转译，不像听力，其语言刺激稍纵即逝，根本来不及思索；也不像口语会话要求当场对答，不允许有较大的空隙和停顿。其次，写作本身思维和表达的容量大，也有时间让学习者推敲和选择适合的、确切的，乃至生动的词语和句子来表述。这些词语和句子经过写作训练被刺激、调动而活跃起来，有时可熟练到无须翻译就能“应手而出”，甚至能促进听力和口语，使学习者对这类语句能够“应耳而解”或“脱口而出”。如果这种熟练的语句积累得越来越多，那么学习者用目的语思维和用目的语表达的能力也会相应地得以大大地提高。

（3）扩大和充实目的语文化知识。写作是渗透着文化背景知识的一种书面训练活动。母语写作固然蕴涵着母语文化，目的语写作当然也充满着目的语文化。在训练写记叙文、议论文时，必然牵涉目的语文化的价值观念、民俗习性和思维定式等，就是训练写应用文，也会涉及称呼、地位、关系、口气和语气、敬谦、套语等习惯文化。写作教学要扩大和充实此类目的语的文化背景知识。经过这样指导出来的习作才合适、得体、有效。这些文化知识不仅有助于阅读理解和听力理解，而且通过多次的习作训练能直接转化为写作技能和技巧的有机组成部分。

2. 遵循写作教学的基本原则

写作教学能否取得好的效果，与是否遵循下列原则密切相关：

（1）循序渐进与急用先学结合。一般而言，语言输入总是大于输出。课堂教学所输入的词语和句式，并不能100%被主体所吸收，有的可能遗忘或丢失，有的虽然贮存大脑但却缺少活力，很难激发或调动。这样，学习者输出时就受到影响，例如有的学员已经学到中年级，但开口说话和提笔写作的能力远落后于实际的输入水平。因而，写作教学必须根据学习者的语言输入情况，制订教学计划，采取循序渐进的方式，由词句训练进入段篇训练，由简单的应用文习作进而写作记叙文或议论文，由练写较少字数的片段进入较长篇幅的创作等，切忌盲目地布置脱离学习者语言输入实际的习作任务，否则揠苗助长，收不到实际效果。

循序不是呆板的，应视实际需要而灵活变通。例如低年级学习者在习作便条、通知阶段，但生活中他们需要向某单位或某个人员表示感谢，那就不妨跳跃一步，将写感谢信的教学内容提到前面来讲授和训练。又如低、中年级班级举行主题讨论会，要求每位同学拟写发言提纲或发言稿，就可教学这方面的内容。急用先学，打破原来安排的序列，会有较好的效果，也颇受学习者欢迎，但也不能一味强调急用先学而任意打乱原有顺序，致使写作教学陷入无计划的混乱状态，那也是不可取的。所以，循序渐进与急用先学两者必须有机地结合。

（2）群体性与个体性结合。如果说学习者的写作是个体性的脑力（思维和表达）劳作的话，那么写作作为一种教学就是群体性的活动了。实际上，听力课、口语课、阅读课都存在着个体性和群体性之间的协调问题，只是写作因为学习者单独思索和书写的时间较长，反映在课堂上，个体性和群体性的问题更为突出。

如果教师只在课堂上出一个题目，任凭学习者自由写作，那就不是写作教学，而纯粹是一种作文练习了。这样，学习者的习作达不到要求，也难以得到迅速的提高。有的学习者在两个小时的作文课上，除了题目外，只有寥寥几字，他们冥思苦想，不知如何落笔，不知写什么才好。有的学习者下笔千言，却离题万里，语句拖沓，内容芜杂。这说明写作教学不能放任自流，应该按照一定的计划和要求，组织好课堂教学，让学习者知道写什么和怎样写，才能有较好的习作效果。开展群体性的教学活动，要注意以下事项：

1）要顾及大多数。一个班级的学习者，写作水平和能力有高有低，参差不一，教师的目光不能只盯着少数几个尖子，也不能只停留在少数几个写作低下的学习者身上，“过”和“不及”都会使大多数学习者产生“太难”或“吃不饱”的感觉，影响写作的积极性。因而，教师的教学始终要顾及大多数学习者的水平。

2）要明确写作要求。每次作文都应有具体的要求，比如字数的多少和篇幅的长短；规定一些词语和句式供选用；习作方式是模仿、是扩写、是缩写还是创造性试写；文体是记叙、是议论、是说明还是应用文等。这些要求越明确越具体，学习者的习作就越有头绪和方向。

3）要组织阅读和讨论。写作教材一般由范文和写作知识组成，这些内容不能像精读课那样精雕细刻地分析、讲解，主要由学习者自己阅读，在教师指导下开展讨论，消化、吸收写作知识，体会、领悟范文的写作构思和方法。在进行写作练习之前，也宜开展群体性讨论，主要是交流写作提纲，打开大家的思路；交流准备写的内容和材料，供大家参考；交流作文的观点和看法，启发大家的思维。这种群体性的教学活动，可保证大多数学习者言之有物，循之有法。

4）在班级里进行评讲。对于个别性的问题，教师可在批改作文时加以评点；对于普遍存在的问题可在班里集中评论、集体修改；对于写得较好的作文，要肯定成绩，当堂朗读。有时可要求学习者自行修改或交换批改，这同样能提高写作水平。

班级中毕竟有写作水平高和写作水平低两种层次，即使同一水平也会有个性的差异。因而写作教学除了注意群体性活动，还要注意个体性辅导。个体性辅导宜安排在群体活动之后，对写作水平高的学生，可提高篇幅、内容和技巧上的要求；对写作水平低的学生，则首先倾听其写作构思和打算写的内容，然后具体进行指点，肯定其好的方面，指出其不足的地方。对这两种层次的学习者，最好能当面指导，使他们不仅知其然，而且知其所以然，这样，效果比较理想。

（3）习作性与交际性结合。写是一种语言表达的技能训练。汉语写作教学就是通过书写把视觉和听觉所接收的语言知识，转化为文字表达的技能技巧。课堂写作主要是为培养这种技能服务的，在较大程度上倾向于习作性，尤其是遣词造句的练习、积句成段的练习等篇幅不完整的习作，基本上是学习者的一种自我练习，不带任何交际意义，除了教师以外，一般没有什么“读者”。学习者往往为作文而作文，就像填空、造句一样，被动地、任务式地完成一次作业，缺少写作的兴趣、欲望和动力，久而久之，会感到枯燥乏味。

其实，作文教学搞得好，那是非常生动、有趣的事，关键是要调动学习者的写作积极性，变被动为主动，从中体会写作的乐趣。提高学习者写作兴趣的有效手段是把交际和交流融进习作，使学习者有机会“发表”，那么他们就会重视写作，认真写作，乐于写作。“发表”的阵地和场所，可以是同座交换观看，小组轮流阅读，大班讲演和朗读，出壁报，出作文选，推荐到校报刊登或校广播站播出等。即使是词句或片段训练，也可在班上交流，例如组织学习者看图片、连环画或一组电视镜头，然后要求学习者选用教师提供的词语和句式把画面的意思写成有关联的几个句子或一个段落，并抽选几名学生在班里诵读自己的句子或片段，教师可适当板书，组织学习者讨论和补充，使句子或段落更加完善。如果能结合实际生活需要进行写作，如便条、感谢信、求职信、意见书、表扬信等，那更能使习作性和交际性圆满地结合起来。这比单纯性的习作训练有意义，有效果。

（4）容错度与规范化结合。学习者习得或学习第二语言必然会产生既不像母语、又不像目的语的中介语现象，可以说学习者学习或习得第二语言的过程是逐步由中介语靠近并过渡到目的语的过程。反映在学习者的习作上，也必然会有中介语现象，这是非常正常的事情。问题是面对学习者的习作，是有误必改，凡错皆纠；还是容忍一些失误乃至偏误，这个容错度有多大，如何控制。设想一下，如果学习者的作文本上满是教师用红笔批阅的圈圈、杠杠和点点，每个句子都有删削或订正之处，很可能会损伤学习者的自尊心和自信心，觉得自己的文字表达一无是处。这不利于调动学习者对写作的兴趣和积极性。如果对学习者习作中的错误不闻不问，听之任之，则也不利于提高学习者的写作能力。因而写作教学要处理好容错度和规范化的问题。

所谓容错度是在一定程度上容忍学习者习作中的某些失误或偏误。例如，选词不够精确，“杭州的秀丽景色”写为“杭州的壮丽景色”，“艰巨的任务”写成“困苦的任务”；或者搭配不够确切，“注意周围动静”写为“小心周围动静”，“告别亲人”写为“分别亲人”；或者行文不够得体，“我将准时参加”写为“我将准时光临”，“胃口差”写为“肚子吃不下”等。造成这种失误或偏差，主要是学习者使用目的语时受母语词语和语法的干扰，或者在使用目的语词语和语法时出现了泛化或过度概括化现象，把甲词语或甲规则不适当地应用到乙词语或乙规则上去。对此，如果是偶然性或个别性的问题，则打上个记号（画一条红杠）让学习者自行订正，不必细改；如果是带有普遍性的问题，则可在班内集中提出和讲解，以引起学习者注意。可改可不改的，姑且容忍迁就；因大胆使用新词新句而发生一些偏差的，则要肯定和鼓励，并适当进行指点。

然而，学习第二语言，中介语毕竟不是目的，教师在写作教学中有义务和有责任减少学习者的中介语，让他们的第二语言系统向规范的目的语靠拢。因而，写作教学也要在规范化方面做努力。

规范化主要指以下四个方面：一是标点规范化，重在分清逗号、句号、分号、顿号等常用点号的用法，扭转学习者一逗到底的不良习惯；二是书写规范化，重在培养学习者书写正确、完整的汉字习惯，防止随意增减笔画的现象发生；三是词语规范化，强调应用词典或教科书上的词汇，不要把社会上流行的、不规范的词语搬进作文，也不要自已生造、滥用词语；四是句子规范化，避免句子成分残缺、词序杂乱、句意模糊等弊病。

总而言之，容错度是为了鼓励学习者大胆而不怕出错地应用词语和句子，调动他们写作的积极性；规范化是为了使学习者的第二语言系统顺利地由中介语向正确的目的语过渡。处理好两者的关系，促进它们之间的相互辅助功能。

（三）写作型课堂教学的重点

1. 遣词造句

写作课与阅读课、口语课的造句练习不同，后者所造句子的内容可以自由发挥，只要能应用规定的语句即行；而写作课的遣词造句主要训练表达某个既定的意思，即命题是确定了的，词语基本上也是规定好的，然后让习作者应用指定的词语加上适当的与之相搭配的词语创造一个句子。遣词造句是写作的基础，也是一种基本功。一个复杂的意思（大命题）就是有许多个小的意思（小命题）组合而成。习作者能够熟练地遣词造句，就有能力连句成段，以至成篇。当然，遣词造句能力的培养也不是全靠写作课独自承担，阅读课、口语课的造句练习对此也有很大的促进功效，但不能因此而放松和降低写作课遣词造句的要求，而应该提高一定的难度。

写作课的遣词造句主要有选词造句、定词造句和自由造句三种。

2．思维和句式

人们的思维主要依赖于语言，如果说遣词涉及思维的概念的话，那么句子在很大程度上跟判断有关。头脑中酝酿的命题往往是一个判断。这内隐的命题表现为外显的句子，可以是一个判断句，也可以根据表达功能的需要，化为叙述句、描写句、祈使句、感叹句、疑问句、测度句等。例如，学习者头脑里形成一个命题“中国的点心——吃——好”，可以根据需要，表达为不同功能的句子：

中国的点心是好吃的。（判断）

中国的点心好吃。（描写）

请尝尝中国的点心。（请求）

中国的点心真好吃啊！（感叹）

中国的点心好吃吗？（疑问）

中国的点心好吃吧！（测度）

由此可见，思维、情感和句式在头脑里分属于不同的神经系统，而反映为书面（或口头）的语言时，却是三位一体，密不可分的。因为学习者习惯于用母语来思维和表达，他们用目的语来习作中间还有翻译的环节。因而，目的语句式的训练，实际上也是一种使用目的语的思维训练。

写作教学句式训练，主要有句式单纯训练、句式变换训练和句子关联训练。

3．句群、语段的连贯和衔接

写作要有层次和段落，才能使文章脉络分明。层次是由句群构成的，段落是由几个句群组成的，而整篇文章又是由几个段落合成的。句群内部的一个个句子不是孤立的，相互之间有着种种关系，表达着某个思想或观点。段落内部的一组组句群相互配合，传达出更加完整的思想和意见。整篇文章的若干个段落也不是游离的，而是紧密地组织在一起，揭示和反映出全篇文章的中心思想或主题。因此，写作必须顾及句与句、句群与句群，乃至段与段之间的连贯和衔接，也就是人们常说的“起承转合”，使文章的各个部分有机地组合在一起，表达习作者的思想感情。这是写作教学的重心所在，必须多做努力。

（1）句群的连贯和衔接。一个句群一般是段落中的一个层次，写作除了要斟酌句群内部之间的关系以外，还要考虑句群与句群之间的关系和联系。这种联系或者是时间相继，或者是事理相因，或者是空间相移。

时间相继，主要指下一个句群所陈述的内容是上一个句群的继续和发展，有时间上的先后关系。可以用时间词来连接，例如，用“上午……中午……晚上……”“昨天……今天……明天……”“过了一会儿……又等了半个小时……”等先后连接发生于不同时间的事情；也可以用虚词和其他词语连接，例如，用“……接着……”“……于是……”“……以后……”“……终于……”等来联系先后发生的事情。

事理相因，主要指两个或三个句群所说的事情或理由之间有并列、因果、转折、推断等关系。其关联可以用序列性数词，例如，用“首先……其次……最后……”或者“……这是第一点……这是第二点……这是第三点”等来分层分条列说；也可以用连词、副词或其他词组，例如，用“……然而……”“……因而（此）……”“……由此可见……”“……这样……”等来联系前后相沿或相袭的事情或理由。

空间相移，主要指几个句群分别从不同的角度或不同的侧面来反映所视或所闻的内容。由于方位和视角本身就具有罗列性和转移性，因而写作中不一定要用关联性的词语。学习者可以利用这个特点不断地变换方向，移动视线，以表述其听到或看到的事物。这就是人们常说的“移步换景”。例如，用“仰视”“俯瞰”“远眺”“近看”等词语来陈述因视线移动所看到的不同景物；用“前面”“后面”“右边”“左边”“上面”“下面”等词语来联系所听到的不同方位的声响或所看到的不同方向的事物。

句群是一个段落的重要组成部分，写作教学要重视这方面的训练。如果学习者对句子的组合和句群的衔接比较熟悉的话，那可以说这个学习者已具有了相当的写作水平。

（2）语段的连贯和衔接。文章是由语段构成的，一个语段常常表述一个比较完整的思想或一个较短的情节，从这个意义来说，有相对的独立性。然而，语段之间必须有内在的联系，围绕着整篇文章的中心思想或主题展开，如果各自为政，互不相关，那就不成其为文章了。一个学习者开始习作，多数采用“三段”式，即开头段、中心段、结尾段。即使较为复杂的文章，说到底也不过是把中心段再拉长、分为若干段落而已。既然段落之间是互有关联、互相配合的，那就产生了关联和过渡的问题。除了形式上的关联，例如，在另分一个段落时，用时间词作交代，或用关联词语“但是”“然而”“于是”“这样”等表示跟上一段落的关系外，主要是内容上的关联，即用一句话来“承上启下”。例如，“其实”“事情并不完全这样”或“这个人是否一贯如此呢？”等。有时，为了行文清楚，干脆另辟一个小段，作为上下两个段落之间的过渡段。不过可用来过渡的话语变化多端，没有一个定规。写作教学要引导学习者多阅读范文，体会段落之间的“起承转合”。同时也要强调学习者多多习作，把自己的阅读体会应用、渗透到习作实践中去，成为自己的写作经验。

开头段是一篇文章的“脸”，“头”开得好不好，直接影响后面的写作。常见有的学习者写了几句开头的话就望着本子发呆，这除了内容上的问题之外，在很大程度上没开好“头”，引不起后面的文思。当然也有的学习者开头一段写得很长，不着边际的话说了一大通，可谓“下笔千言，离题万里”。这些都是不可取的。应该强调“开门见山”，紧紧扣住主题，这样就有话可说，有事可叙，有情可抒了。

结尾段是一篇文章的最后收束，结尾结得好，可以突现文章的中心和作者的见解，有“画龙点睛”的作用。有的学习者忽略文章结尾，在中心段就停笔打住，给人一种有头无尾、戛然而止的感觉；有的虽然写了结尾，但没有把上面写的几个方面内容，或几个头绪，或几条线索，汇总收拢在一起，显得头重脚轻，或者过于偏侧，给人一种失去平衡的感觉。写作教学要看重结尾段的作用，多让学习者阅读范文的结尾，作为自己习作的借鉴。

4. 写作的借鉴与监控

外语学习者能够更好地运用目的语进行写作，这主要得益于借鉴和监督。所谓借鉴就是参照、应用自己的母语写作知识，照抄、照搬译本。所谓监督，就是运用与母语相关的语言和书写知识，自觉地修改、改正、润饰自己的作品。写作教学若能使学生具备运用和监督的能力，则能使学生的汉语写作水平迅速、显著地提高。

（1）写作借鉴。借鉴是一种改进和加速汉语写作学习的方式，它的终极目标在于将语言知识转化为写作的技巧和方式，提升学生的书面语言能力。因此，在学习过程中，借鉴可以分为“迁移”“模仿”和“活用”三个阶段，从而逐步掌握和提高目的语的写作水平。

1）迁移。迁移是最基本的学习写作的方式，它的基本形式就是模仿与范例相关的句子和形式。这种方法在应用文体的写作中使用得较多，例如请假条、通知、请柬、借条等，学习者只需在文章范本的基础上根据实际情况修改时间、地点、事由等因素。在记叙文和议论文的写作过程中，学生可以按照自己的表达要求，将原文中的一些精彩句子，原封不动地或稍加修改地复制到自己的作品中，反复使用，积累学生的写作素材和写作经验。

2）模仿。“模仿”是比“迁移”是更高层次的写作训练方法，它不是照搬范文中的句子或形式，而是从范文中借鉴，模仿范文的开始与结束、前后衔接、转换与照应、叙述与描述、说理与解释等写作的方法。这种方法脱离了词语迁移这一浅层应用，将学生的写作引向写作方法的训练。

3）活用。“活用”是把所学到的写作方法和技能结合起来进行创作。学习者在学习母语的同时，也在学习译文的方法和技术，但不是照抄、照搬，而是根据自己所学到的写作知识和平时所积累的写作经验，进行创作和创新。此时，学生已进入了用目的语进行书写的更高水平。

（2）写作监控。对写作进行监督，除在词语选择、句子结构、句子与句子之间、句组之间的关系之外，还应注意对文体的篇章布局的监督。其内容包括文体监控、构思监控、剪裁监控、衔接过渡监控、篇幅监控等。

1）文体监控，即学生严格遵循文体特征，避免将说理文写成叙事性的叙述文。

2）构思监控，即学生能根据生活图式（包括事件图式、情节图式）、逻辑思考（概念、判断、推理）等来组织、组织文章，从而避免习作中出现不合理或逻辑模糊的情况。

3）剪裁监控，是指学习者对素材进行删减、增补，以突出文章的内容或主旨，以求详略得当、条理清晰、前后有序，避免重复、混乱。

4）衔接过渡监控，即学生能根据文章的内容进行句子的连贯、段落的过渡，避免段落间的断断续续、前后矛盾。

5）篇幅控制，即学生在写作时，以长度为依据，对文章的大小、内容进行选择，以避免内容与形式上的不协调。

学生在语言上的监督能力是通过各种课程（如阅读、听力、口语、写作等）共同进行的，而学生在写作上的监督能力则主要来自于写作课程。

（四）写作型课堂教学的步骤

写作教学课程有两种形式：一种是单独设课；另一种是附于阅读课程

之中。后者往往在一篇阅读课文结束之后、进行一些词语和句子、或者句群方面的练习；完整的作文练习一般安排在课外。单独设课的写作教学，一般的教学环节和教学步骤如下。

1．阅读范文

阅读范文，说明该种文体的特点和具体要求。可由教师边提示边讲解，也可引导学习者阅读范文，开展讨论，随后教师总结。

2．布置作文

（1）命题和自由命题。教师命题宜宽泛，让学习者有所选择，写其熟悉的东西；学习者自由命题最好有个范围，纳入教师的写作教学计划。

（2）提出要求。布置作文须明确提出要求，包括文体、字数、词汇、句式，以及采取的写作方法等。

（3）启发思路。①模仿和吸取。教师可联系学过的课文，提示哪些可以模仿，哪些可以吸取。②内容、立意和写作方法。教师引导学习者构思和讨论：怎样统辖内容；文章的立意是怎样的；适宜用何种写作方法。

（4）拟写作提纲。可以写粗纲，如全文分几段，每段的主要意思是怎样的；也可以写细纲，如全文分几段，每段分几层，每层写哪些内容，举哪些事例等。

（5）写作。可以在课堂上规定时间进行写作；也可以在课外不规定时间进行写作。

3．进行批改

（1）当堂批改。以一两篇比较有代表性的习作为主，教师边批改边评点。

（2）课后批改。教师直接在学习者的习作上进行批改：①语句和用词的删改。批改要贯彻多就少改的原则，尽可能保留学生习作的原貌，调动其习作的积极性，避免“满篇红”，损伤其习作兴趣。②眉批。主要指出文中比较突出的问题，如用词不当，句子脱节，句意不明，语句严重错漏等；写得好的地方也可点出。③全文总批。主要评价作文的优缺点，可从结构、层次、段落安排、遣词造句、写作方法等方面给予整体上的评价。

（3）集体批改。以一篇习作为主，集体讨论，用集体的智慧修改。

（4）互相批改。调动学习者的积极性，互相批改，加深修改的印象，避免错误的重犯。

4．展开评讲

（1）评讲优缺点。总结写作中的优点，指出缺点，使学习者学有方向。

（2）朗读作文。教师可选择好的作文，由教师或学习者在全班朗读，并说明其写得好的地方和原因。

（3）发表。组织学习者出墙报，展览作文。

第六章 现代视角下的汉语教学理论创新与应用

第一节 “字本位”理论视角下的对外汉语教学

一、“字本位”理论及其主要观点

自从徐通锵在其著作《“字”和汉语的句法结构》和《“字”和汉语研究的方法论》中首次明确提出了“字本位”观念，学界掀起了一股关于汉语“本位论”的反思之潮。作为一种新兴的理论学说，“字本位”经历了引起关注、引起批评，也引起思考。汉语语言研究、汉语教学，到底应遵循“字本位”还是“词本位”？

“字本位”理论的主要观点是：“字”是汉语的语音、词汇、语义语法的交汇点，隐含着“一个音节— 一个概念— 一个词”的一对一的结构关联，应把“字”看成是汉语语义句法结构的基本单位，而印欧语里的“词”在汉语中没有对应形式；以“字组”代替“词组”，汉语的层次结构应为字、字组、句子和句群；汉语句法结构具有开放性，开放型的句法理论应以事件的话题为基础，有层次地叙述它的方方面面。只要有需要，叙述的时候可以变换角度、变化角色，所以，汉语语法的框架结构是“话题—说明”，“话题”和“说明”的联系较为松散，与印欧系语言是“主语—谓语”的框架且“主语”和“谓语”的联系非常紧密有很大的区别。

二、“字本位”理论下对外汉语教学的思考

当前“字本位”已逐渐成为一个理论体系，此处在将“字本位”理论与对外汉语词汇教学相结合的时候，主要是从“字本位”理论以“字”为纲方面来进行对外汉语词汇教学的思考。

（一）重视汉字教学，实行“语文分开”教学

在“词本位”的思想指导下，汉语的传统教育往往采取“语文并进”

的教学方式。“语文并进”是“口语”与“文字”相结合的教学方式，其缺点是课时受限，在汉语教学中，注重“语”而忽视“文”，注重汉语的语音、词汇和语法，但在汉字的学习过程中，经常会被挤出甚至忽视。结果，汉字的学习日益落后，学习者也逐渐丧失了学习的兴趣，于是“汉字难”“汉语难”等问题就接踵而来。

汉字在外国人眼中其实是一种神秘的文字，也是一种艺术形式。作为汉语的教学者和传播者，汉语教师不应该惧怕汉语和汉字的教育。要克服偏重“语”而忽视“文”的问题，必须立足于汉语与汉字的特性，注重汉字的教学，实行“语文分开”的教育方式，将“语言教学”与“汉字教学”分成不同的教学环节，在讲解汉语拼音、发音、语法规则的同时，汉字课堂也从汉字发展的历史、笔顺规则、造字法等角度对学员进行系统化的讲解。我们应该确信，在将汉语当作第二外语的过程中，建立起系统的、有规律的、可理解的汉字系统的知识，将有助于他们长期地掌握汉语。

（二）以字为本，由字联系词，再由词照应字

汉语的词汇有大量的复合词，构词方法有“词根+词根”“词根+词缀”“词缀+词根”，尤其是对于有实词意义的“词根”组成的词语，可充分利用这种方法进行教学。如在白乐桑著，张鹏鹏译的汉语教材《汉语语言文字启蒙》中，与国内以“词本位”为理论基础的教材不同，以“生字表”取代了“生词表”。在对有实词意义的汉字进行解释后，还有和汉字意义相近一系列词语。

第二节 情境认知理论视角下现代汉语教学创新

“情境认知理论在教学中的应用，需要通过对教学情境的创设来进行”[①]。当前，教学的中心不再仅仅是围绕课本展开的基本知识内容，更需要学生在学习知识的同时，能够构建出知识理论的系统，并且据此在学习的过程中进行更多的探究与思考，在这样的学习过程中，学生的学习将会随着自身的思考与探究渐次地展开，由被动接受知识转化为主动学习知识，教师的教学将转化为教师与学生之间的深刻交流，充分地体现出高等教育的特点。

---

① 彭志刚．情境认知理论视域下高校现代汉语教学创新研究[J]．济南职业学院学报，2020（3）：54．

一、情境认知理论的主要特点

情境认知理论的研究性内容，在较早的历史时期已经产生相关萌芽。在近代以来国外对心理学与教育学的研究过程中，情境认知理论逐渐形成了相关体系，并且在欧美国家的教学实践中得到了应用与实践。我国的教育研究者对情境认知理论的研究开始较早，情境认知理论在近年来的教学实践中体现出了其独特的作用，受到了广大一线教师的重视，得到了更为细致的研究与实践。

事实上，情境认知理论的应用，是在最大程度上还原人们对于知识理论的初步认知，并且逐渐加深认知，进行系统构建与应用探索的整个过程。这一教学方式具有以下特点：

第一，再现知识的初次认知过程。情境认知理论的基本特点是，要在教育学习时，为学生构建一个知识产生的过程，学生作为学习的主体，在这一活动中是这些知识内容的直接体验者，可以将知识的内容进行总结，并且与课本中的知识理论相互对照。

第二，具有实践的性质。在以往的教学过程中，教师的教学行为可以描述成将前人在实践过程中总结出的经验传授给学生。因此，学生所得到的完全是理论性的内容，这在许多实践性较强的教学活动中，会增加知识的难度与复杂性。例如，在现代汉语的教学中，学生作为母语的学习者能够直接地应用汉语的内容理解许多语法的现象，教师进行完全汉语语法的教学，即是将教学的内容复杂化。通过情境的构建，学生在学习活动中直接进行知识的实践体验与总结，在汉语语言的教学中具有较高的优越性。

第三，加深了学习中的交流探究过程。许多教学活动由于内容具有较强的专业性，学生的知识水平与理论的构建水平较为有限，因此，整个课堂教学的过程是教师主导，学生的参与程度极低，知识的学习缺少交流的过程。许多课堂中的交流互动都不是出于学生的主观意愿，是教师为了完成教学而进行强制派遣的一种任务，交流失去了其原有的意义与价值。

二、情境认知理论下现代汉语教学创新措施

（一）增加情境化应用的范围

教师在经过系统的情境认知理论的相关研究之后，需要在教学中增加其应用的范围与比例，将课堂的整体实践性进行提升。在教学中，无论是对于知识的系统构建还是在知识细节上的构建，都需要教师引导学生在学

习的过程中，根据其思维以及理解的特点展开再次的学习探索：一是教师必须解决好教学过程和教学目标两个重要问题。随着教育体制的改革，教学活动更加个性化和多元化，教师要充分认识到教学过程并非传统意义上的课堂教学，教学过程和教学目标变得更加多元化，应鼓励学生开展自学，创设丰富的教学情境，从而提升学生的实践能力。二是情境化教学通过实践来实现。实践性教学可以从课内拓展至课外，教师充分利用语言实践来组织教学活动，从而增强课堂教学的丰富性和实践性。

（二）进行细节知识的教学

在细节知识的教育引导时，教师可以将不同的细节性的知识内容分配给不同的学生小组，由其在课下进行知识的研究与总结。在课堂的教学中，教师通过情境化的课堂构建，将学生引入到学习的氛围中去，对知识的基础内容与概念进行初步的讲解，在此之后，请出小组的成员，进行学习的现身说法。需要注意的是，学生在进行知识阐释的过程中，不仅需要对知识点以及知识的内容进行说明，也需要将自己在学习过程中出现的实际情况以及问题、想法等进行依次说明，使得其他的学生能够在这一描述的过程中，强化体验感。

（三）进行新知识的引入

事实上，汉语的研究过程是在汉语应用的基础上进行的。汉语在世界范围内具有较大的影响。因此，整个外部社会环境就是一个大的情境，教师将最新的课本中没有体现的语言知识进行引入，并且引导学生应用身边的大环境进行学习以及理解，即是应用了最为广泛化的情境认知教学法。例如，在语言现象以及词汇的研究中，教师将目前的网络词汇作为一种补充性的内容加入课程当中，并且听取学生在其日常网络活动行为中的应用事例，就语言中衍生出的新用法进行分析，再与现代汉语的应用、语法原则相互比照，推测这一语言能够应用的时间范围。多数不规范的网络语言等流行词汇，会随着使用情境的不复存在而逐渐消亡，学生在自己的实际生活中就能够观察并且了解到这样的状况。

当前，在学校的现代汉语教学中，教师需要根据学生的学习需求以及教学的内容，结合情境认知理论，直接应用或者创制、还原一种情境，使得学生能够参与到整个语言知识的认知过程中，使得纯粹的经验学习转化为一种实践性的行为，增加学生的学习参与兴趣。与此同时，在教学中，教师需要将新的知识内容进行引入，以弥补课本知识的不足。

第三节　新媒体视角下古汉语教学方法的创新应用

“古汉语教学在新媒体时代下，逐步形成了自身的特色，极大地推动了古汉语的发展。尤其是新媒体时代，各种技术的发展对古汉语教学活动更新起到了非常大的作用。”①

一、古汉语教学的目的与内容

（1）关于汉语教学的总体目标。汉语教学的目标在于培养学生的古典文学阅读水平，使学生系统、准确地认识到汉语传承与发展关系，促进学生汉语的综合应用提升，领略汉语言文化。要对汉语的传统进行批判式的传承，形成一套完备的个体文学的知识库，为以后的语言教育打下坚实的基础。

（2）关于古代汉语的基本知识。目前的汉语课程包括了古代汉语的理论和古代汉语的选择。古代汉语的理论课包括文字、词汇、语法、音韵课，对汉字起源，汉字结构，汉字的书体演变，古书中的文字；区分单音词和复音词，词的本义和引申义，古今词义的异同，同义词的区别；词类活用，古代汉语的词序，古代汉语的句组成省略，古代汉语的判断句，古代汉语的消极表示法，副词，代词，介词，连词，语气词，词头，词尾；古代语音、通假字等都有涉及。古汉语文选教学的选材，则主要引用了下述古文学作为示例：《精卫填海》《夸父逐日》《女娲补天》《齐桓公伐楚》《季氏将伐颛臾》《子路从而后》等。

二、新媒体视角下古汉语教学的方法创新

（1）要认识汉语的文化内涵，激发学生的学习热情。兴趣是促进学习者进步的最大的精神力量，它对学习有着重要的作用。许多同学都觉得，古代汉语与现代汉语间隔时间太长了，很多词语含义模糊不清，而且字词之间的搭配与现代汉语差别较大。造成这一现象的主要原因是语言概念的缺失。在传统的汉语教学中，人们往往忽视了传统的文化价值观的教育和

---

① 范玉．新媒体背景下古汉语教学方法的创新[J]．商品与质量，2017（38）：59.

引导，从而产生了古汉语学习的误区。要改变这种状况，最重要的是要培养学生的学习兴趣。因此，在课堂上，教师可以腾出一些时间来，针对汉语的有关问题展开轻松有趣的讨论。比如，古代汉语教科书多以繁体字印刷，有些同学因为阅读领域狭窄，对繁体字不熟悉，再加上因生僻字较多而导致阅读和理解困境，教师针对这种情况可以举出有关汉字形成原因的例子，让他们了解汉字的形态，这不仅仅是记载汉语文字，还包含了大量的文化资讯，体现了汉族的文化特色。

（2）古文字与近代文字的融合，使古、今两种文字之间的联系更加紧密。从汉语的语音、语法等方面来看，古汉语与近代汉语虽然有所差异，但也有着共同的表达逻辑和文化传承，例如蚕食、晨练、冬眠等都是作为动词的副词。古代汉语中有表达习惯传承至今，如“飞沙走石”“走马观花”“狐假虎威”“舍生忘死”等。在汉语学习中，意动的习语和动词的使用也比较容易掌握，比如不耻下问等。运用以上内容的解释和修辞性特征，可以使古代和现代汉语之间的关系更加紧密，从而使学习者对古代汉语产生浓厚的兴趣。

（3）构建不同的协作教学模式。在古代汉语教学中，传统的教学方式主要是由教师引导，以学生作为信息接受的主体。这样的教学方式虽然能够保证教学内容的传达，但是容易使学习者在枯燥的教学内容中产生厌烦情绪，对于古代汉语教学质量的提升造成阻碍。因此，面对新媒体教学环境，推动开放性教学，构建多种协作教学方式，可开设 QQ、微信、微博、短视频账号等多种方式与广大师生进行广泛的互动与交流。

综上所述，新媒体时代的到来使古代汉语的发展既面临着新的机遇，也面临着严峻的考验。因此，我国古代汉语教育工作者应充分理解和关注古代汉语的教育，并根据时代发展的实际情况，积极地开展和改进古代汉语的教育。

参考文献

[1] 曾立英，任倩倩．国际汉语词汇教学材料的选择、处理与提升[J]．中国大学教学，2020（9）：53-58．

[2] 陈莉．中国文化符号国际传播的效果及其优化：海外汉语教学的异质影响[J]．江海学刊，2020（3）：228-235．

[3] 崔永华．对外汉语教学的目标是培养汉语跨文化交际能力[J]．语言教学与研究，2020（4）：25-36．

[4] 邓盾．论现代汉语的 AABB 片段为复合词而非重叠式[J]．世界汉语教学，2022，36（1）：65-77．

[5] 董广瑞．对外汉语语法教学的原则和方法探析[J]．文学教育（下），2017（6）：65-66．

[6] 董美思．对外汉语听力课教学法初探[J]．文学教育（下），2018（6）：114-115．

[7] 范玉．新媒体背景下古汉语教学方法的创新[J]．商品与质量，2017（38）：59．

[8] 付欣晴，胡海金．汉语方言单音节动词重叠式比较研究[J]．南昌大学学报（人文社会科学版），2012，43（5）：143-150．

[9] 付欣晴，胡绵绵．再论汉语方言“动词重叠式+补语”结构[J]．南昌大学学报（人文社会科学版），2015（6）：152-156．

[10] 高弼兰．浅谈对外汉语写作教学[J]．才智，2019（20）：110．

[11] 贺莹莹．刍议汉语语言学研究的新思路[J]．华章，2014（13）：77．

[12] 寇蔻．对外汉语阅读教学思考[J]．文渊（高中版），2020（6）：382．

[13] 李泉．新时代对外汉语教学研究：取向与问题[J]．语言教学与研究，2020（1）：1-10．

[14] 刘贵雄，贾永萍，王余娟，等．联结再认中双语者第二语言记忆优势效应[J]．心理学报，2019，51（1）：14-23．

[15] 刘弘，靳知吟，王添淼．对外汉语课堂操练中教师等待时间研究[J]．世界汉语教学，2014（2）：277-288．

[16] 刘颂浩．对外汉语教学中的语料编选原则[J]．语言教学与研究，2011（5）：57-64．

[17] 刘瑜．汉语作为第二语言口语非流利现象的成因探讨[J]．语言教学与研究，2019（3）：77-89．
[18] 潘先军．人类学视角下对外汉语教学中的话语标记分类探析[J]．广西民族大学学报（哲学社会科学版），2020，42（5）：100-105．
[19] 彭志刚．情境认知理论视域下高校现代汉语教学创新研究[J]．济南职业学院学报，2020（3）：54-56．
[20] 任谦．对外汉语教学和学科意识增强刍议[J]．环球人文地理，2015（24）：162．
[21] 宋丹．认知语言学理论视域中汉语重叠词探析[D]．哈尔滨：黑龙江大学，2020．
[22] 王燕．认知语言学理论在汉语教学中的运用[J]．长江大学学报（社会科学版），2011，34（10）：144-145．
[23] 王莹．汉语言语法特点及汉语语言学的研究[J]．北方文学，2020（6）：112-113．
[24] 吴华．元认知策略在对外汉语阅读教学中的应用[J]．民族教育研究，2010，21（3）：87-90．
[25] 徐正龙．对外汉语教学理论与语言学应试指南[M]．南京：东南大学出版社，2005．
[26] 杨帆，刘亮亮．基于统计的汉语叠词自动识别研究[J]．重庆理工大学学报（自然科学版），2016，30（7）：123-128．
[27] 臧胜楠．汉语的节奏与对外汉语教学[J]．华侨大学学报（哲学社会科学版），2019（3）：145-152．
[28] 张庆宗，吴喜艳．应用语言学导论[M]．武汉：湖北教育出版社，2013．
[29] 张入月．“字本位”理论视角下对外汉语词汇教学的思考[J]．现代职业教育，2016（10）：184-185．
[30] 张永昱．认知语言学视域下的汉语研究和习得[M]．上海：复旦大学出版社，2016．
[31] 周孟战，张永发．汉语副词重叠研究述评[J]．中南大学学报（社会科学版），2012，18（1）：212-218．